王文沼雕板

施主李知順

西域考古器物图谱

原著 [英] 奥雷尔·斯坦因
主编 巫新华

广西师范大学出版社
GUANGXI NORMAL UNIVERSITY PRESS

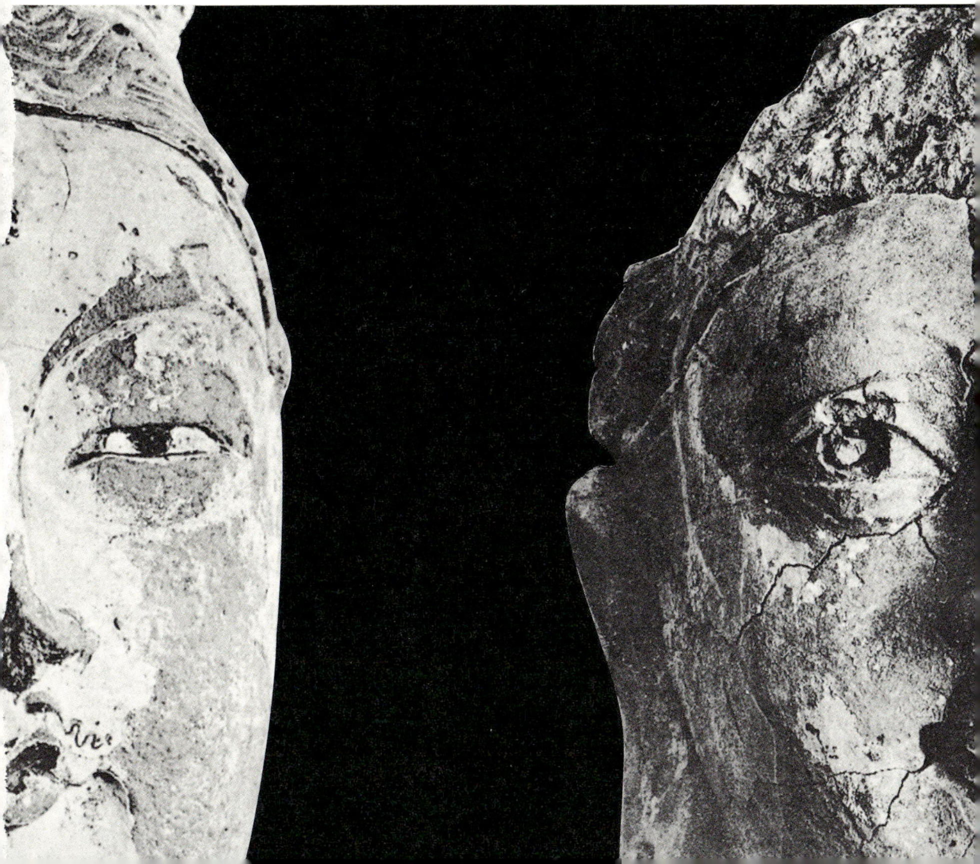

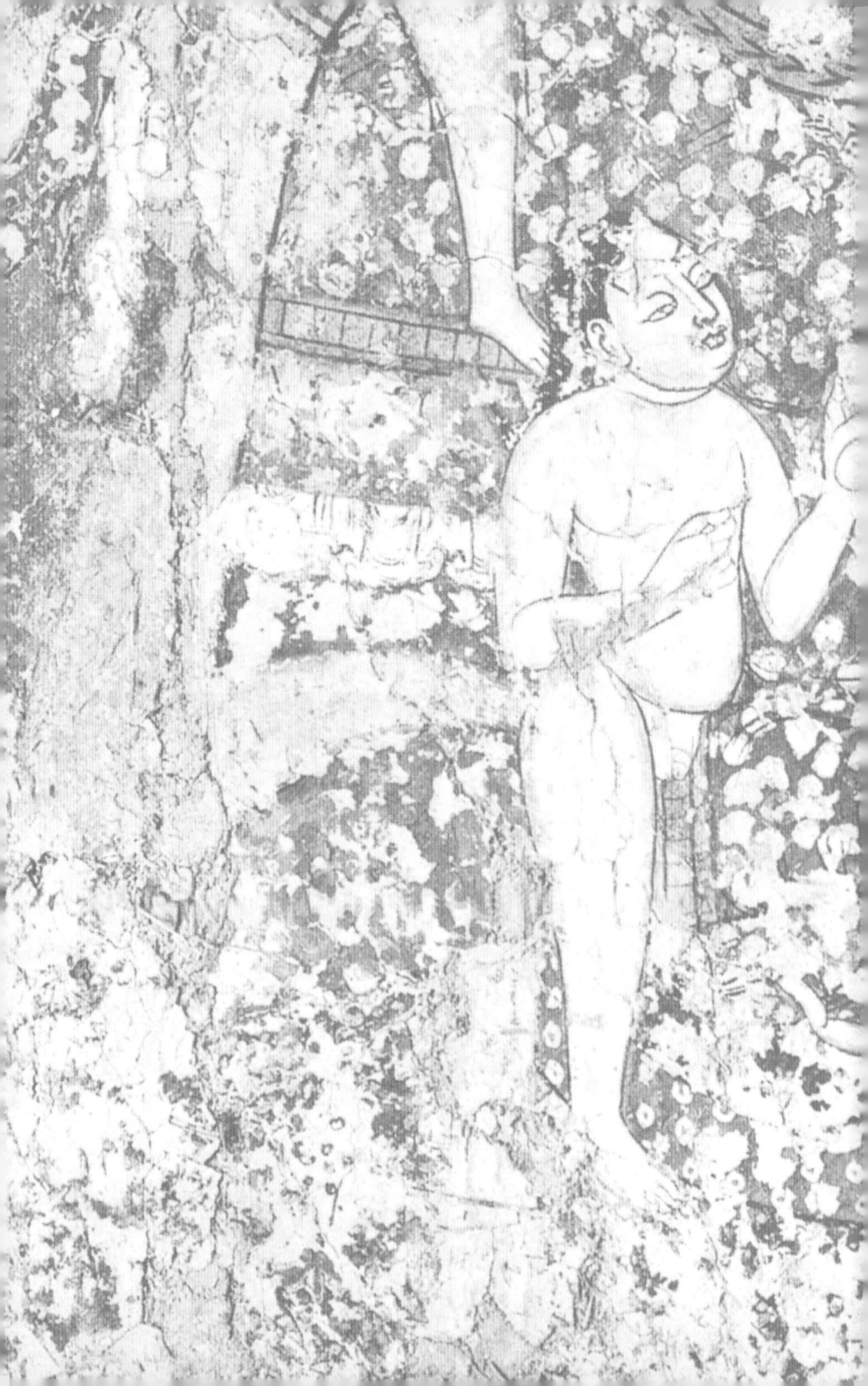

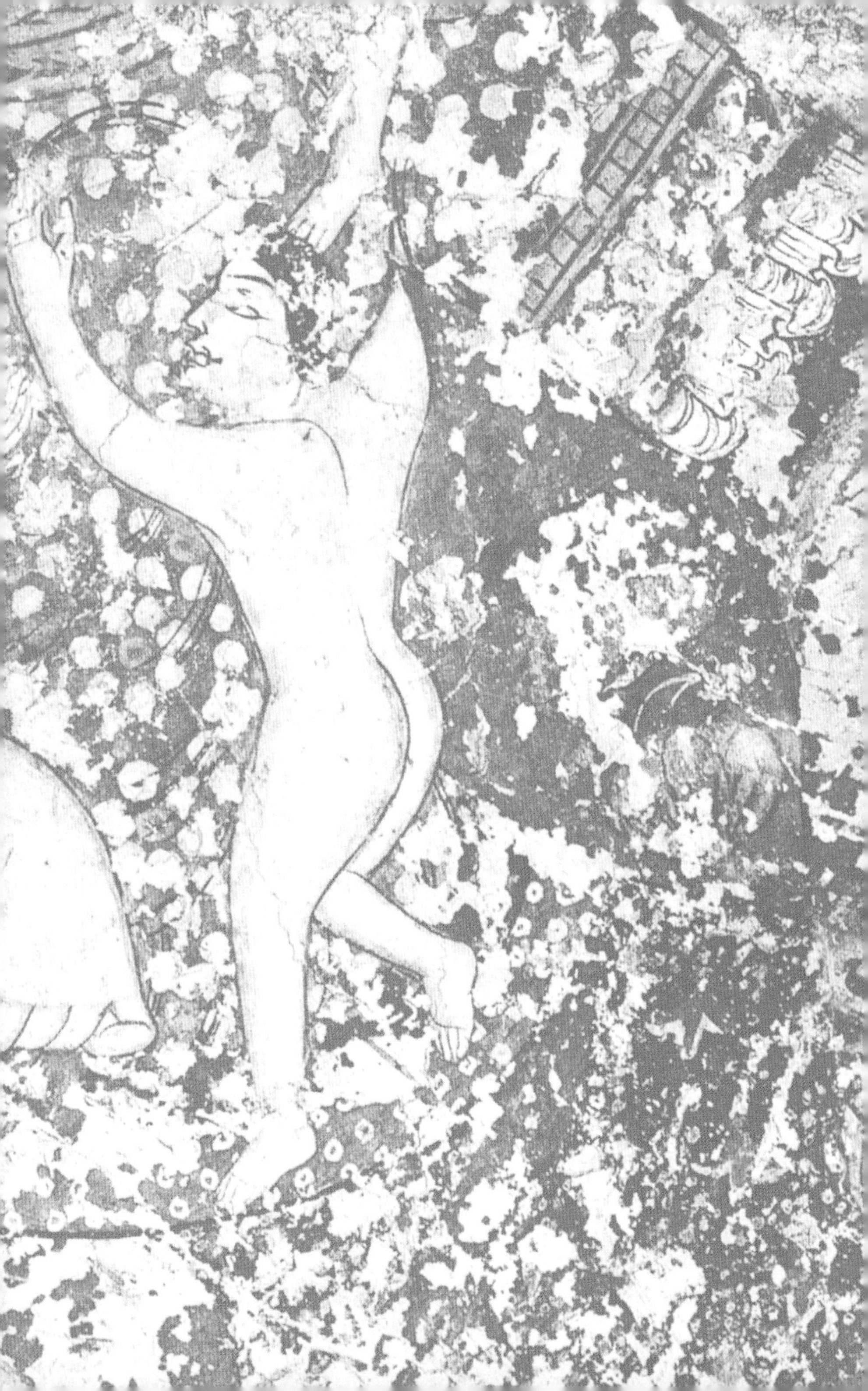

导言

奥雷尔·斯坦因（1862—1943），英籍匈牙利人，著名考古探险家、地理探险家和东方学学者，同时也负有英帝国在我国西北地区进行地理探险测绘和古物收集的特殊任务。

19 世纪中后期是欧洲资本主义国家在世界范围扩张和武力建立殖民地最为顺手的时期。探索未知地域，寻找新发现，成为欧洲列国的时代风尚，也是个人成功的捷径，以及获得巨大荣誉和迅速致富的最有效手段。对欧洲探险者而言，世界最为热门的探险家乐园就在东方，尤其是黄金国度——中国。

在家人的安排以及社会风尚的影响下，斯坦因从小便开始系统学习东方学。在逐步精通希腊语、拉丁语、德语、法语和英语之后，斯坦因又在欧洲著名的维也纳大学、莱比锡大学、图宾根大学等进一步学习梵文和波斯语等东方古代语言。1883 年，年仅 21 岁的斯坦因获得图宾根大学哲学博士学位后，获匈牙利政府奖学金，赴英国伦敦大学、牛津大学和剑桥大学从事博士后研究工作，主攻东方语言学和考古学。1885 年，斯坦因回匈牙利布达佩斯服兵役一年，进入匈牙利培养军事制图人员的鲁多维卡学院学习当时最先进的军事测量方法，在后来斯坦因的中国西部探险活动中大派用场。1887 年，斯坦因被推荐为拉合尔东方学院院长，来到印度。1889 年，斯坦因又成为加尔各答伊斯兰教寺院附属学校校长，并历任旁遮普大学督学、印度西北边境省总督学和考古调查员等职。

从 1900 年开始，斯坦因将全部精力用于中国西部、中亚古代遗迹探险考察与研究，其间他于 1910 年至 1929 年任职于印度考古局，1929 年退休后服务于美国哈佛大学。

1900—1931 年，斯坦因在我国新疆、甘肃西部、内蒙古西部，先后进行了四次探险考察活动，他的探险考察与考古发现及其研究开启了近代以来国际汉学研究的新潮流，并对我国现代学术研究产生了广泛而深远的影响。

1900 年 5 月至 1901 年 5 月，在英属印度政府的支持下，斯坦因进行了第一次中国西部考察，范围主要是我国新疆塔里木盆地南缘的和田地区。1900 年 11 月下旬，调查并发掘和田约特干遗址，获文物百余件；12 月中旬至次年 1 月上旬，发掘策勒北部沙漠中的丹丹乌里克遗址，获文物 180 余件；1901 年 1 月下旬至 2 月上旬，发掘尼雅遗址，获文物 600 余件；2 月下旬，发掘民丰安迪尔遗址，获文物百余件。4 月中旬，返回和田绿洲发掘热瓦克佛寺遗址，获真人大小的佛、菩萨和众弟子以及侍从、护法、天王等泥塑像 90 余尊。

1901 年 5 月 12 日，斯坦因返回喀什，休整后携所掠文物 1500 余件于 7 月初回到伦敦，结束了第一次中亚考察，所获文物分藏于大英博物馆东方古物部和大英图书馆东方部。

1906 年 4 月至 1908 年 8 月，在英属印度政府的支持下，斯坦因进行了第二次中国西部考察。1906 年 9 月下旬第二次发掘热瓦克佛寺遗址；10 月下旬再次发掘尼雅遗址；12 月上旬首先考察米兰遗址，进而发掘楼兰遗址，然后返回米兰遗址，进行发掘。总计获文物千余件。1907 年 3 月期间，发掘敦煌附近汉长城烽燧遗址，获大量汉简与丝织品等文物。5 月 21—28 日，于敦煌莫高窟藏经洞获 24 箱各类文书以及 5 箱纸本画、绢画和丝织品。6—9 月，考察万佛峡石窟、嘉峪关、玉门关、走廊南山（祁连山脉）等地。11 月 10 日考察吐鲁番高昌故城和交河故城以及石窟寺遗址。12 月中旬考察焉耆舒尔楚克佛寺遗址。

1908 年 2—3 月，斯坦因探险队经沙雅绿洲由北向南沿克里雅河古河道纵穿塔克拉玛干大沙漠，到达和田。4 月中旬发掘达玛沟遗址。8 月初，斯坦因发运 93 只大箱文物之后，返程。

1913 年 8 月 1 日斯坦因离开克什米尔，取道帕米尔，开始第三次中国西部考察。10 月下旬，再次发掘和田河麻扎塔格遗址。1913 年 11 月至 1914 年 3 月，先后发掘尼雅遗址、安迪尔遗址、米兰遗址、楼兰及其周围遗址，获汉文、佉卢文、粟特文、婆罗谜文等多种文书、丝织文物、木质文物、金属质文物等。

1914 年 3 月 24 日，斯坦因再次来到敦煌莫高窟，获得 570 多件写本和绘画。6 月，发掘哈喇浩特（Khara-Khoto，即黑城）古城遗址，获得大量汉、西夏（Tangut）、吐蕃、波斯文和回鹘文文书。7—8 月，考察走廊南山和甘州河河源。9 月，翻越天山北麓来到巴里坤和奇台，考察吉木萨尔护堡子废墟（唐代北庭都护府遗址）。10 月，考察柏孜克里克千佛洞，剥取壁画 90 余箱。1915 年 1 月，发掘哈拉和卓阿斯塔那墓地，获大量写本、丝织品以及金、木、陶质文物，共获文物总计 140 余箱。5 月考察克孜尔千佛洞。1916 年 3 月初，斯坦因返回印度，第三次中国西部探险考察结束。

1930 年 9 月，68 岁的斯坦因在美国哈佛大学和大英博物馆的巨额资助下，开始了他的第四次中国西部考察。1931 年 5 月 18 日，在中国学术界和社会各界声讨压力下，斯坦因被新疆政府驱逐出境，其所获文物被扣留于新疆喀什，只带走了部分文物照片底版。

斯坦因四次中国新疆考古探险是颇为复杂的历史现象，一方面其大肆实测军事地图和掠夺中国文物的行为破坏了我国古代历史文化遗址，损害了中国国家主权和我国人民感情，另一方面他在东方学研究上所取得的丰硕成果，客观上也为国际学术界做出了巨大贡献。其获得的近10万件各类文物，超过1万张的山川河流、大漠遗址、社会景象、各色人物等照片，实测精准的地图，以及精深的研究成果，时至今日仍然是学术界不可逾越的里程碑。

本书是广西师范大学出版社在多年组织翻译出版斯坦因系列著作基础上，精选各大报告中的文物器物汇编而成，其类别分为：泥塑、陶泥塑；绘画；织品、刺绣；木牍；文书、经文；杂品。涵盖了斯坦因发掘出土文物的全部种类，这些文物反映出通过古代西域（新疆）东西方文化交流的真实面貌，即丝绸之路的历史真实状况。

“丝绸之路”是指在古代人类各大文明的孕育、发展和形成过程中发挥了决定性交流、互动、导致各自成长发展，进而推动人类现代文明奠基的亚欧大陆东西方古代交通路线和相关地理文化区域。古代新疆恰恰是地理上沟通或完成亚欧大陆东西方文化与政治、经济交流的唯一桥梁性地域。也就是说，上述区域古代文化陆路沟通渠道必经以新疆为代表的中亚地区，而且是唯一通道。

丝绸之路有一个无法回避的文化交流唯一性通道地带，就是新疆的丝绸之路通道。这里直接沟通亚欧大陆东亚、中亚、南亚、西亚、欧洲、非洲，人类各文明区域古代商贸物流、部族迁徙、文化交流与融合无不经此实现，可谓战略意义无可替代。中国古代历史上，各王朝只要是有声有色影响遍及亚欧大陆的帝国，无不以控制和经营新疆（西域）为重。原因非常简单，因为亚欧大陆的陆路古代交通除了新疆别无他路可走！

新疆的丝绸之路唯一性地位是由亚欧大陆自然地理环境决定的。从亚欧大陆地形图可以清晰地看见，帕米尔高原以南：喀喇昆仑—青藏高原、云贵高原、澜沧江—湄公河河谷、热带丛林等天然险阻完全制约了亚欧大陆古代较大规模的陆路东西方向人群迁移与商贸物流活动。整个东亚与其他亚欧大陆地区的沟通从南向北看，只有帕米尔高原通道和昆仑山北缘通道成为亚欧大陆中部南端的唯一大通道。再向北，天山、阿尔泰山这两条东西走向的大山脉自然成为第二、第三大通道地区。阿尔泰山以北则是酷寒的西伯利亚寒区落叶林与沼泽分布带，完全不适宜亚欧大陆古代人类大规模东西向往来。如此一来，亚欧大陆中部地理区域，只有古代新疆是唯一能够自东西方向沟通中国与其他文明区域的通道地带。

这一点从本书收录的万花筒似的多样性出土文物图片，也可以看出来。各色文物中除了多元与多样性的丝绸之路各区域文明鲜明的文化影响与特点，最为典型的一个现象是中国文化主导性影响无所不在。这突出了丝绸之路的中国文明原生性，表明丝绸之路出现的原因在于亚欧大陆其他文明区域与东亚文明核心——古代中国的交流沟通。这里我们提请读者注意：中国文明起始就是人类文明的高地，而古代新疆（西域）是丝绸之路的最重要核心通道区域。

巫新华

2023 年 2 月

目录

泥塑　陶塑

Clay Sculpture, Pottery Sculpture

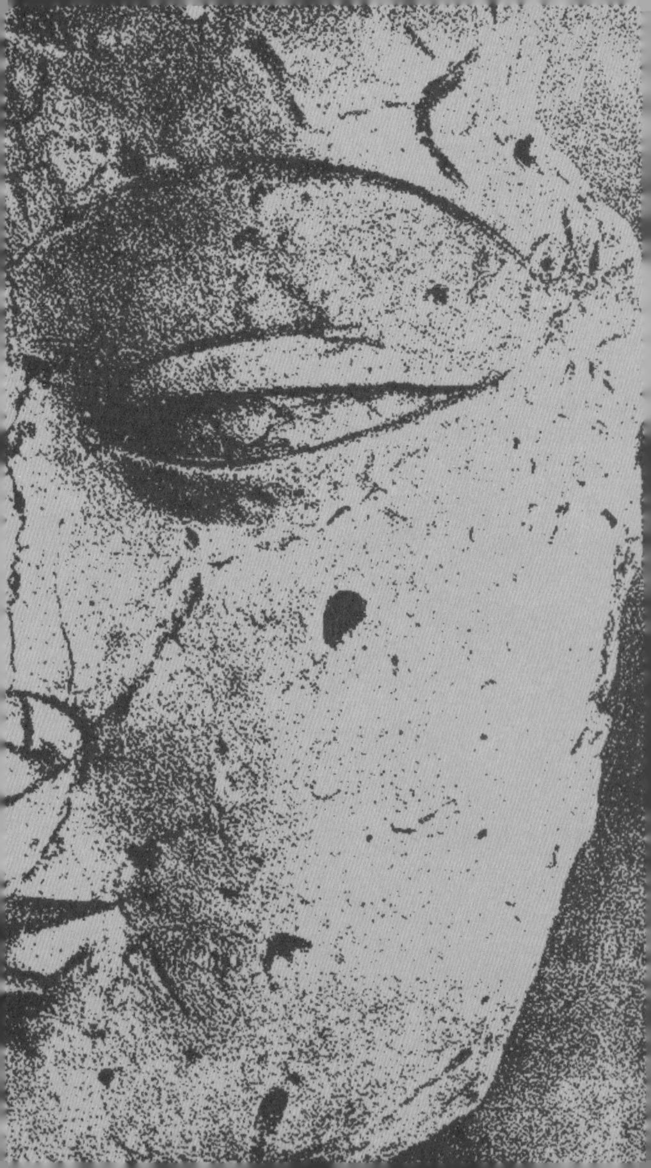

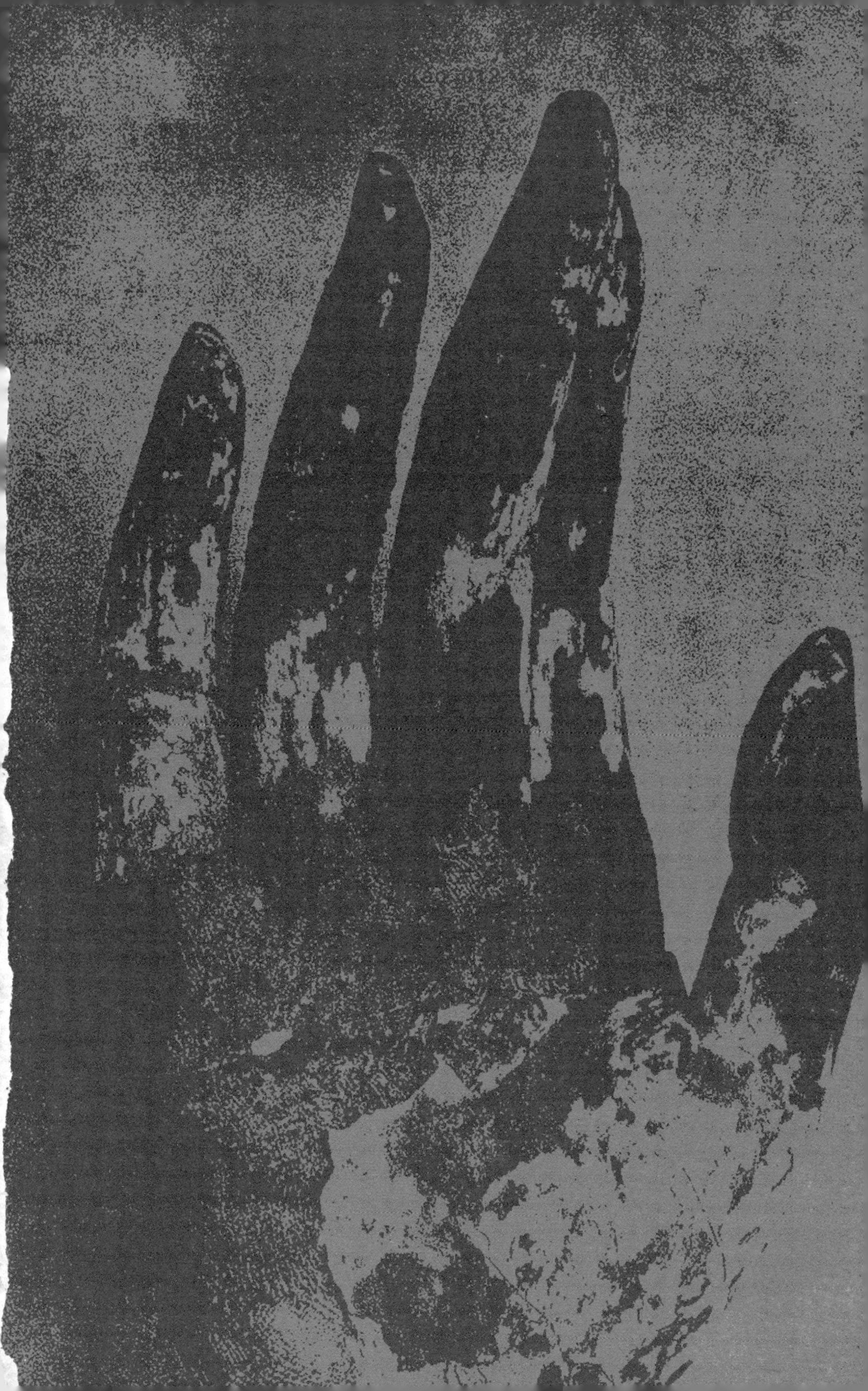

陶塑　出自约特干

Yo. 2.

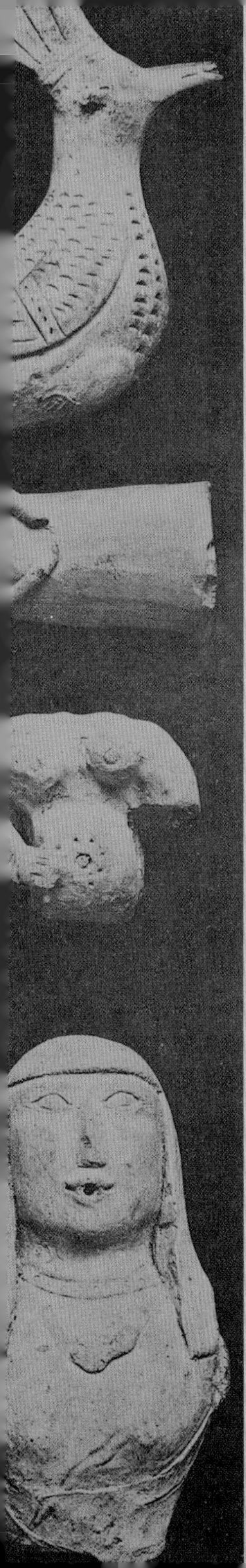

陶塑　出自约特干

陶塑　出自约特干及和田

泥塑　出自阿斯塔那墓地

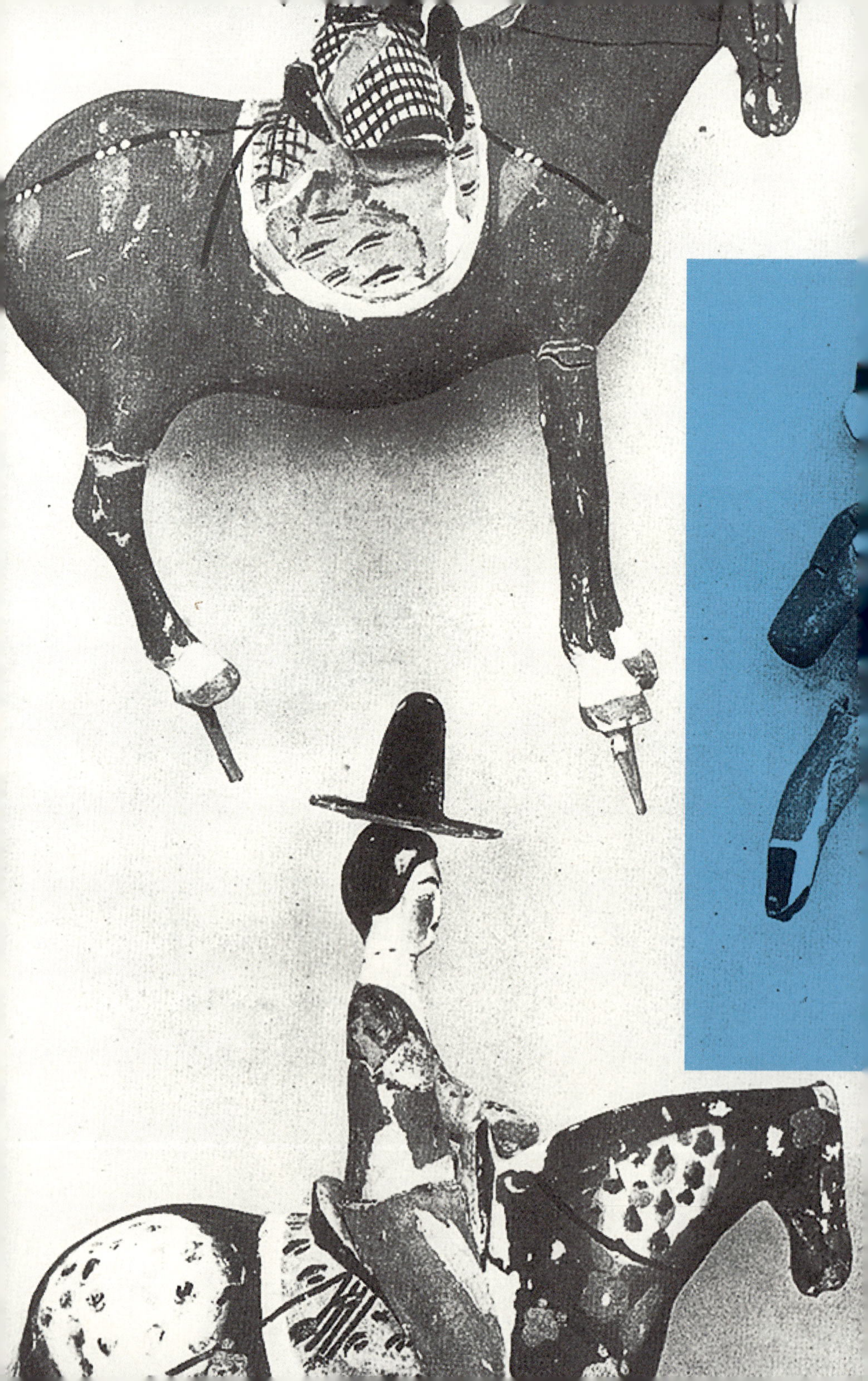

泥浮雕　出自和田喀拉萨依及恰勒马喀赞遗址

泥塑头像　出自米兰遗址

泥塑头像　出自焉耆明屋

泥塑头像　出自焉耆明屋

泥塑头像，饰于寺院墙上　出自焉耆明屋

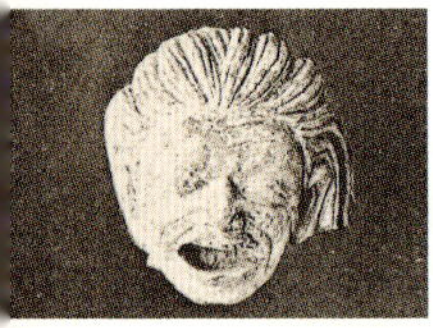

人物泥塑残片，饰于寺院墙上　出自焉耆明屋

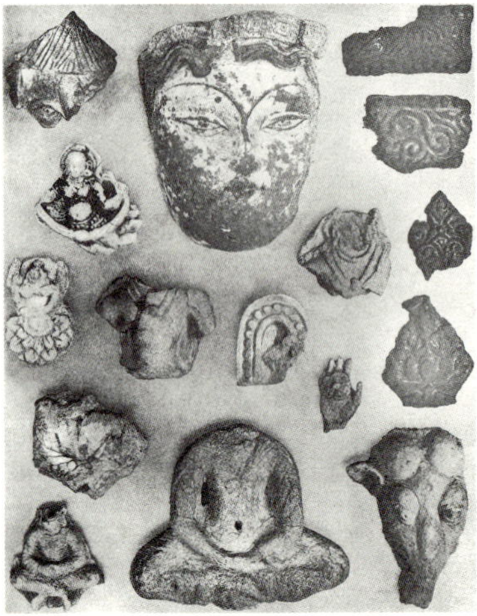

42　泥浮雕　出自拉勒格塔、木头沟及和田

泥浮雕、陶器　出自和田

泥塑头像　出自米兰及巴什阔玉马勒

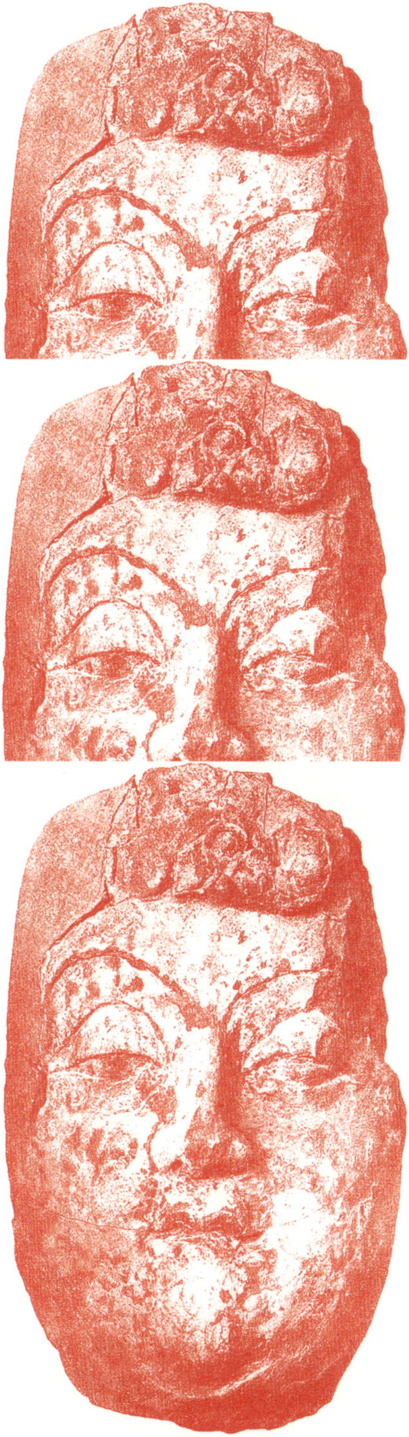

泥浮雕　出自敦煌千佛洞及哈喇浩特遗址

泥塑头像残片　出自哈喇浩特佛寺遗址

52　　泥浮雕　出自马蹄寺石窟

54　　泥塑残片　出自哈喇浩特佛寺遗址

泥浮雕像　出自护堡子及喀拉霍加

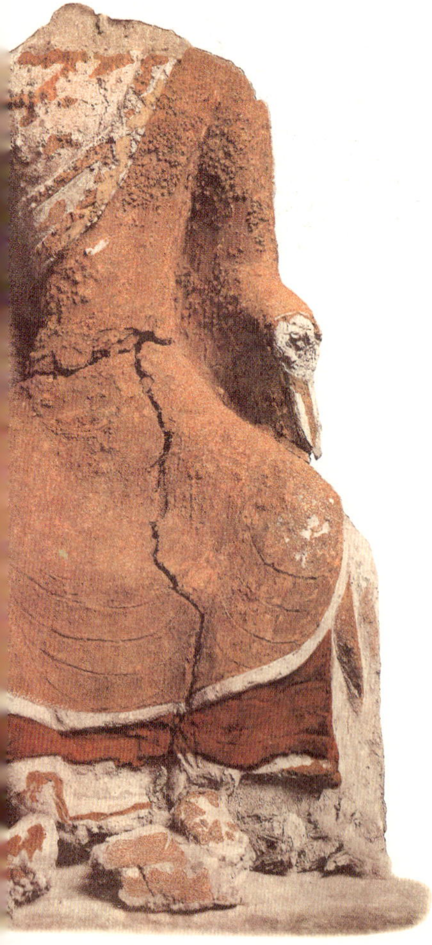

灰泥浮雕佛像　出自丹丹乌里克佛寺遗址

灰泥浮雕头像　出自热瓦克佛寺遗址

灰泥浮雕头像　出自热瓦克佛寺遗址

灰泥浮雕头像

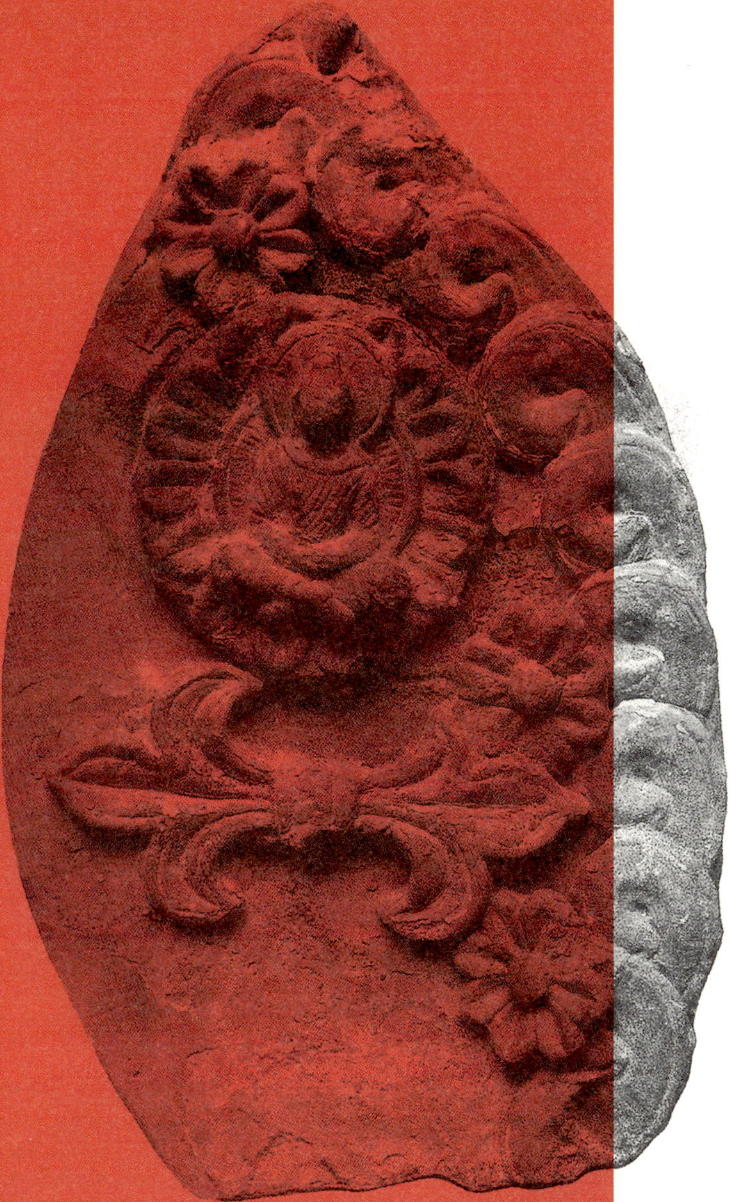

出自热瓦克佛寺遗址

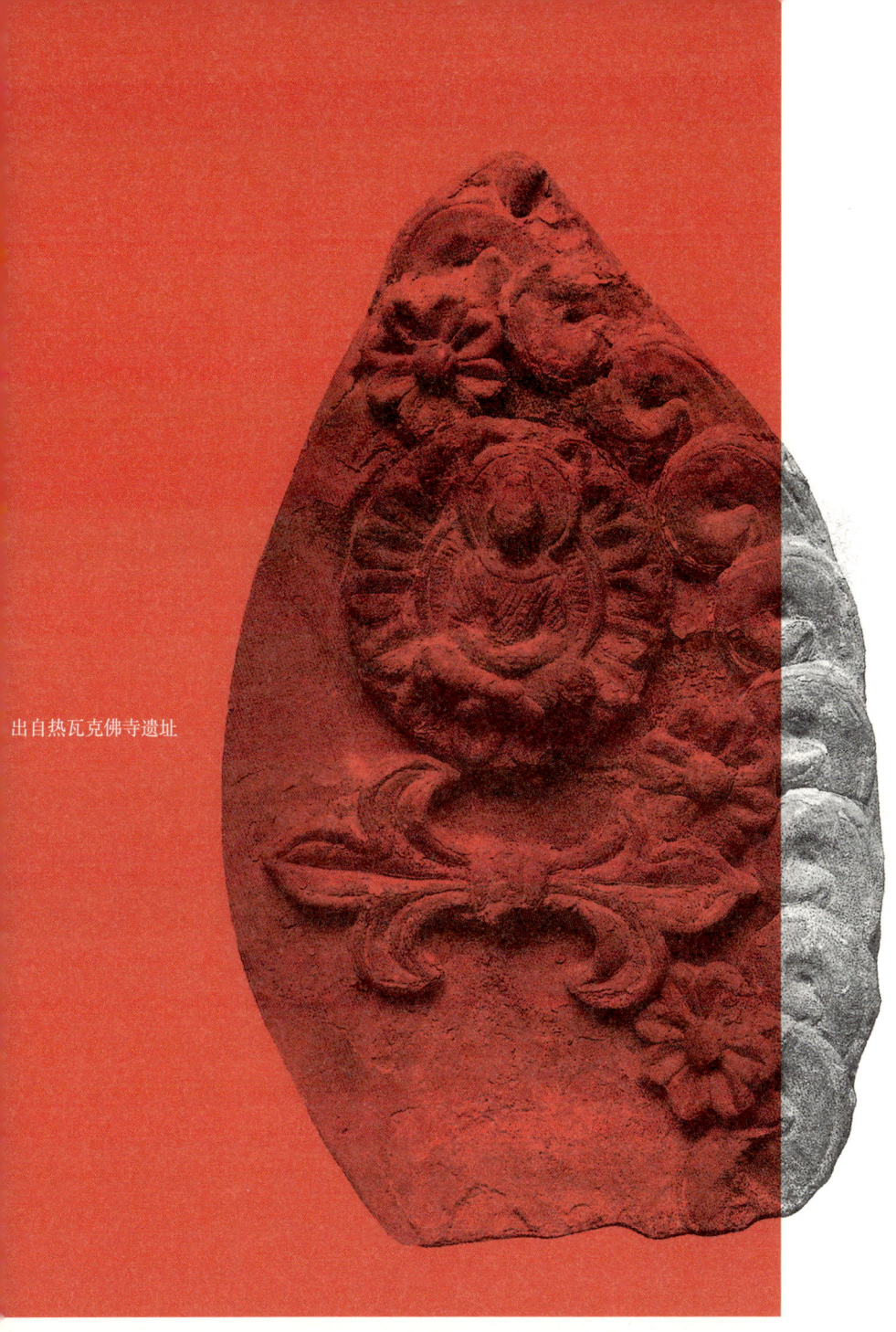

彩绘灰泥浮雕头像　出自热瓦克佛寺遗址

灰泥浮雕佛像　出自热瓦克佛寺遗址

装饰性灰泥浮雕　出自热瓦克佛寺遗址

装饰性灰泥浮雕残片　出自热瓦克佛寺遗址

75　灰泥浮雕　出自热瓦克佛寺遗址

灰泥浮雕墙体装饰残片　出自丹丹乌里克佛寺遗址

灰泥浮雕墙体装饰残片　出自丹丹乌里克佛寺遗址

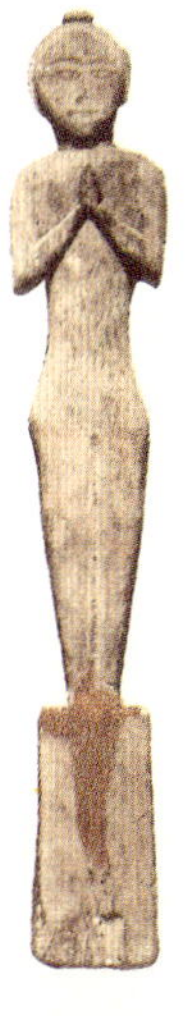

Painting

绘画

蛋彩壁画残片　出自喀达里克佛寺遗址

Khai.E

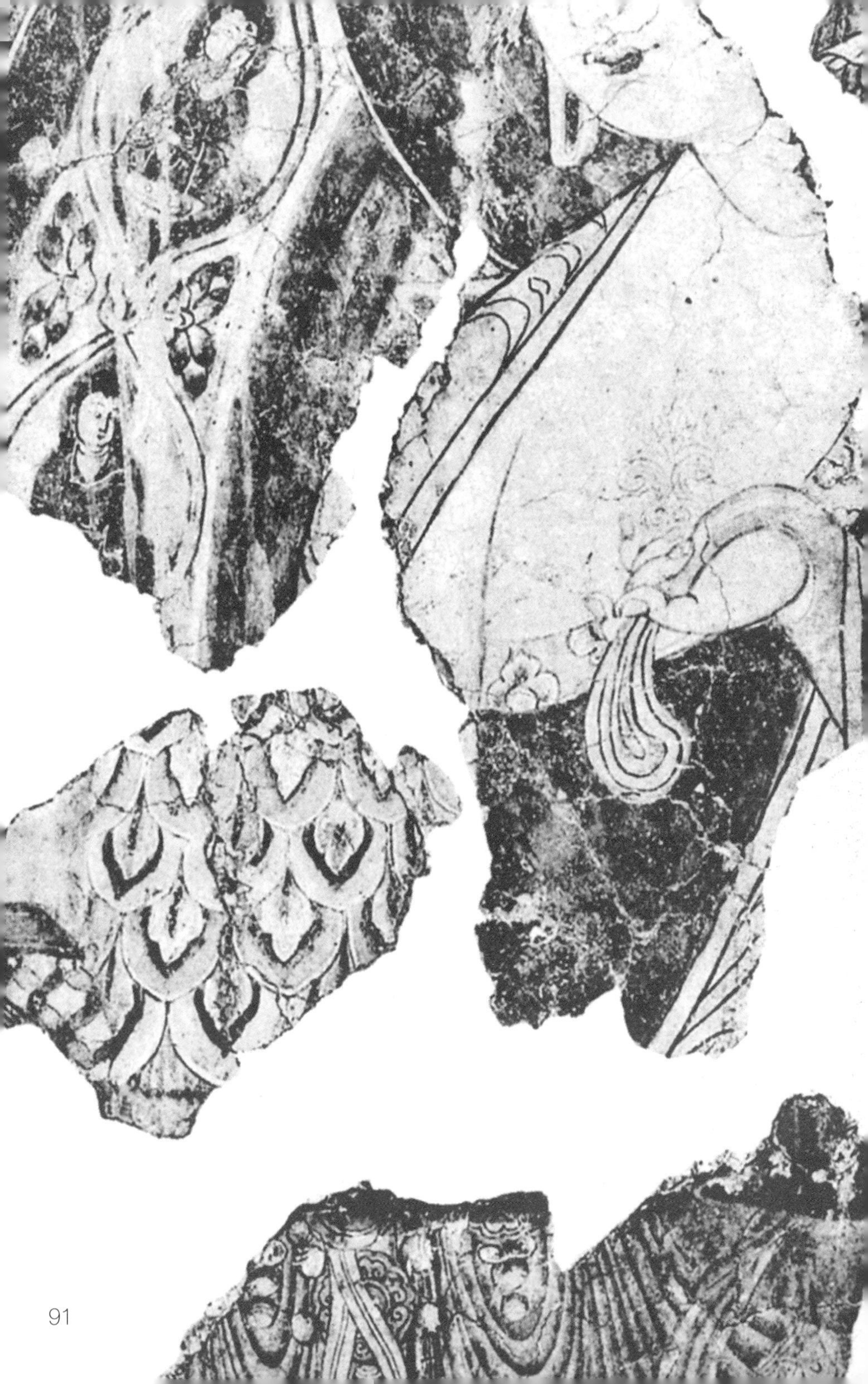

95　蛋彩壁画　出自米兰寺院墙裙上

97　　蛋彩壁画，犍陀罗风格浮雕残片　出自米兰寺院墙裙上

101　　蛋彩壁画残片　出自米兰遗址

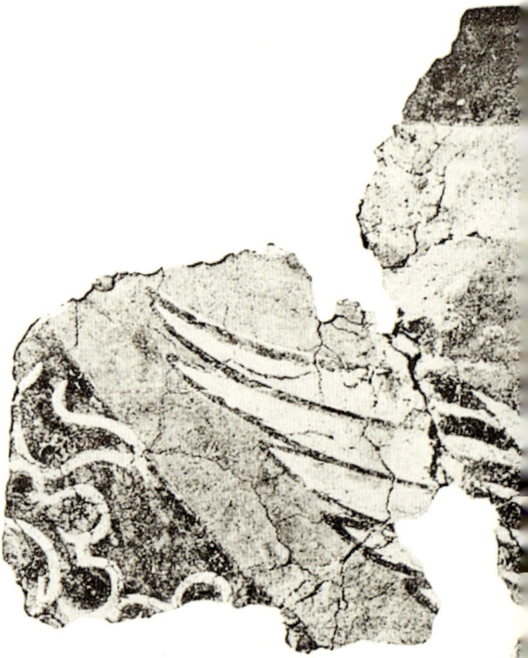

104　　蛋彩壁画残片　出自米兰遗址

蛋彩壁画及彩绘木板　出自焉耆明屋

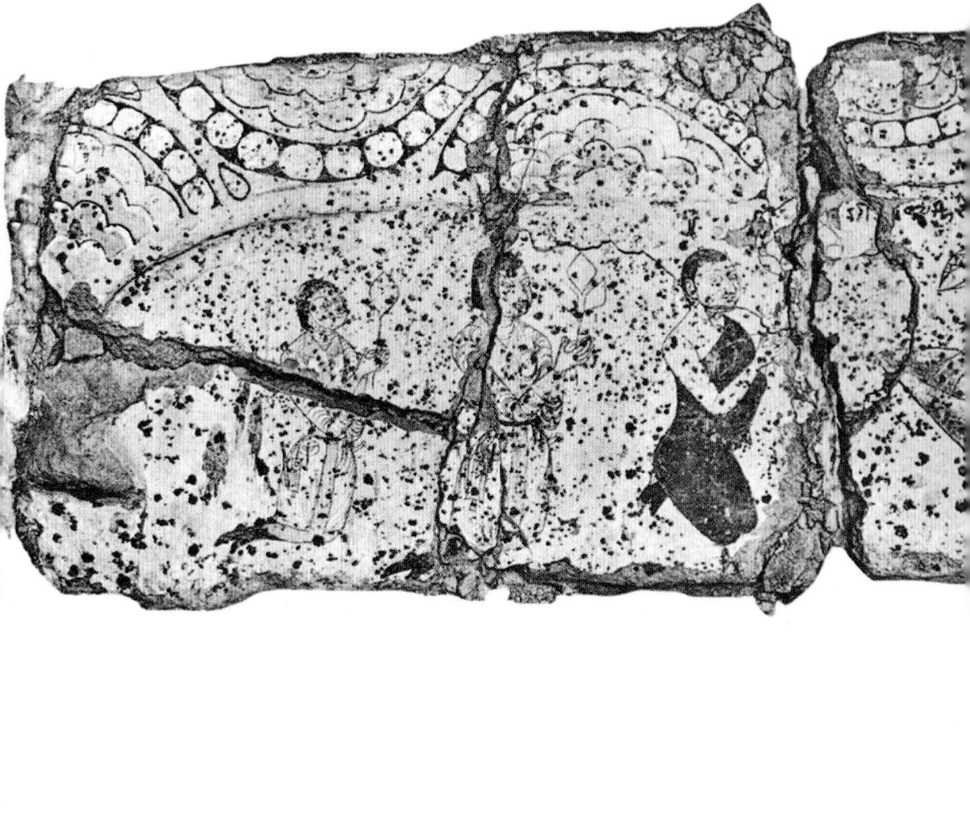

纸画　出自麻扎塔格

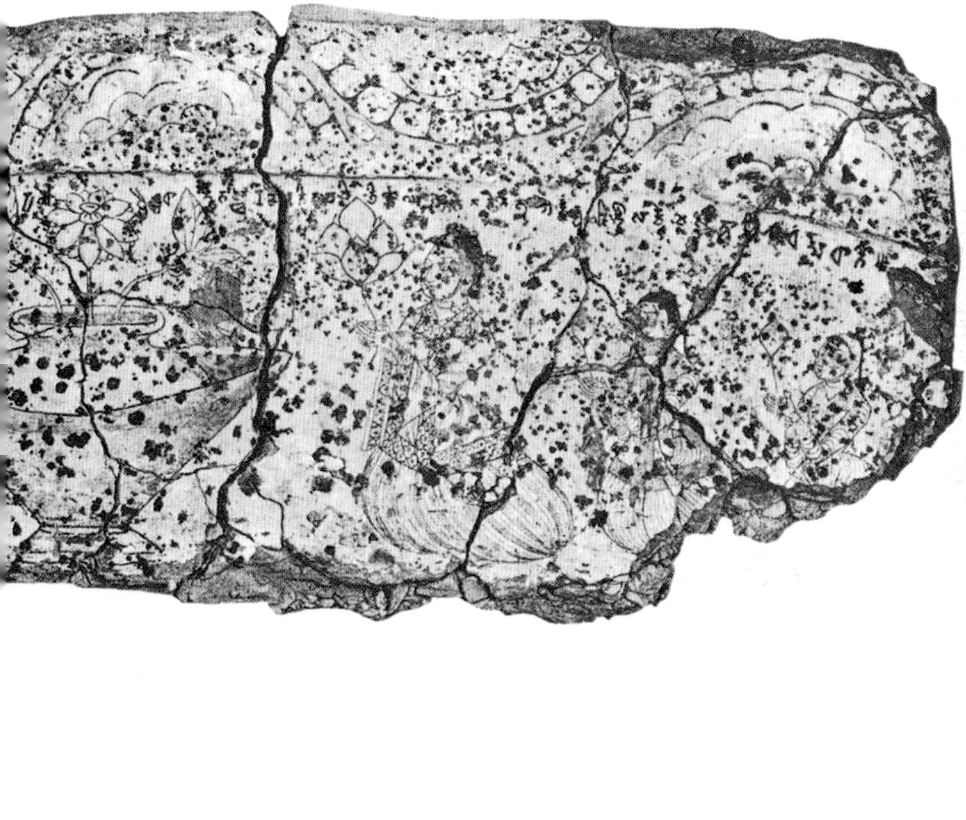

绢画，画面为佛教净土　出自敦煌千佛洞

绢画（局部），画面为佛教净土　出自敦煌千佛洞

南无

绢画，画面为佛、菩萨及供养人　出自敦煌千佛洞

绢画，画面为观音及随侍神祇　出自敦煌千佛洞

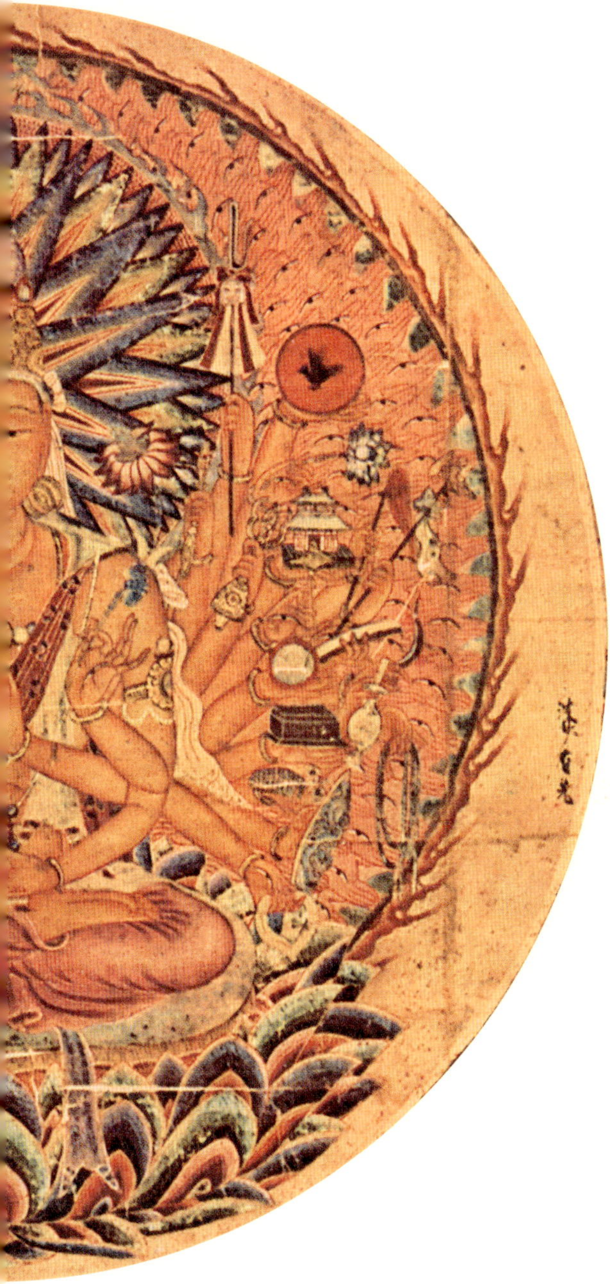

绢画，画面为千手观音及随侍神祇　出自敦煌千佛洞

觀世音菩薩
施主米延德永充一心供養
故主新婦曹氏永充一心供養

绢画，画面为观音及供养人　出自敦煌千佛洞

绢画，画面为观音及供养人　出自敦煌千佛洞

西方毗樓勒叉天王

绢画，画面为菩萨　出自敦煌千佛洞

绢画，画面为观音　出自敦煌千佛洞

绢画，画面为佛及星神

绢画，画面为毗沙门天王及随从的神灵鬼怪　出自敦煌千佛洞

丝绸幢幡，画面为传说中的佛传故事　出自敦煌千佛洞

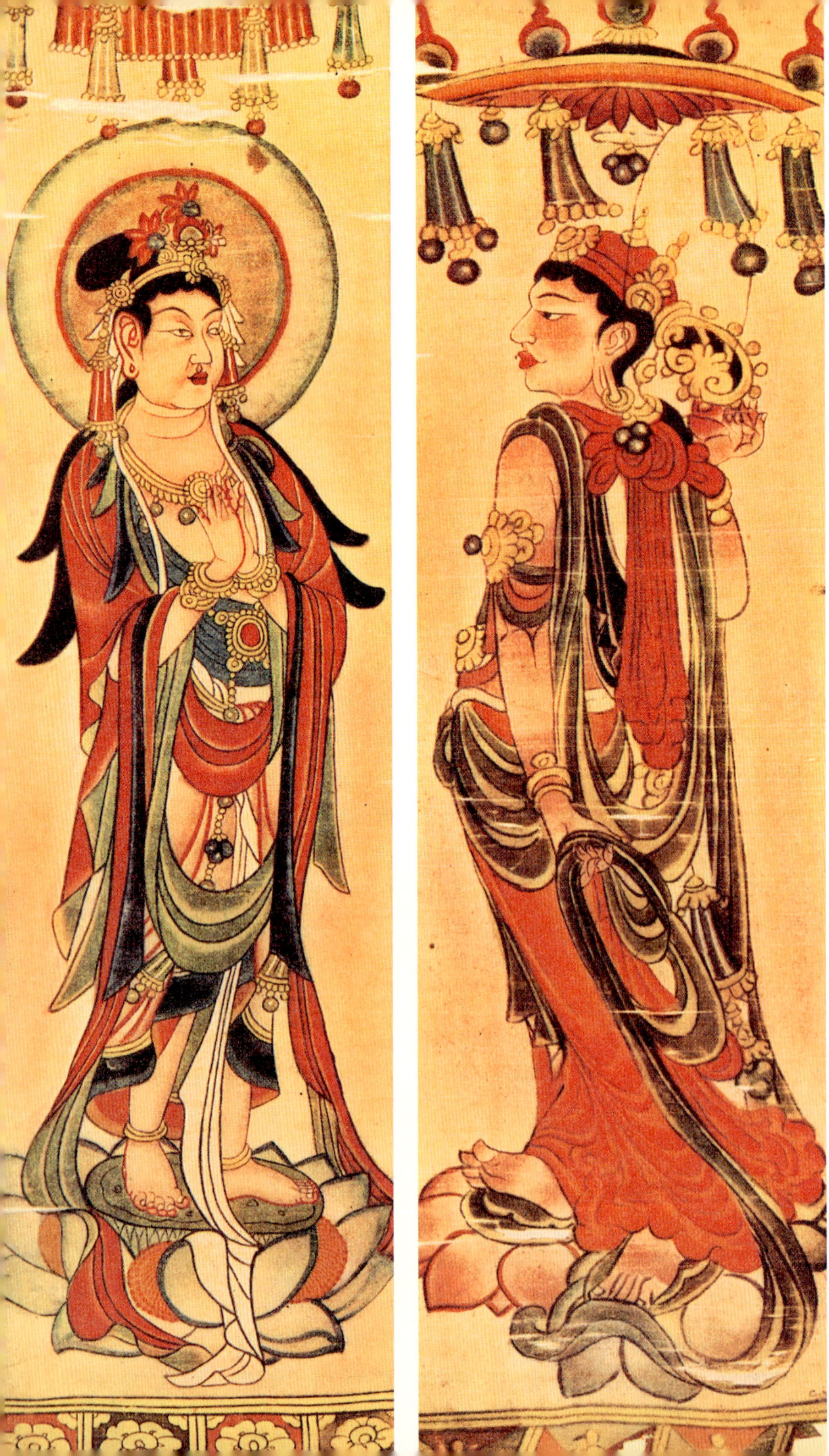

151　丝绸幢幡，画面为菩萨　出自敦煌千佛洞

丝绸幢幡，画面为传说中的佛传故事及“七政宝”　出自敦煌千佛洞

绢画，画面为佛传故事　出自敦煌千佛洞

麻布幢幡及麻布画，画面为佛及菩萨　出自敦煌千佛洞

丝绸幢幡及绢画，画面为菩萨　出自敦煌千佛洞

麻布画，画面为菩萨　出自敦煌千佛洞

丝绸幢幡，画面为护法金刚　出自敦煌千佛洞

丝绸幢幡，画面为佛教神祇　出自敦煌千佛洞

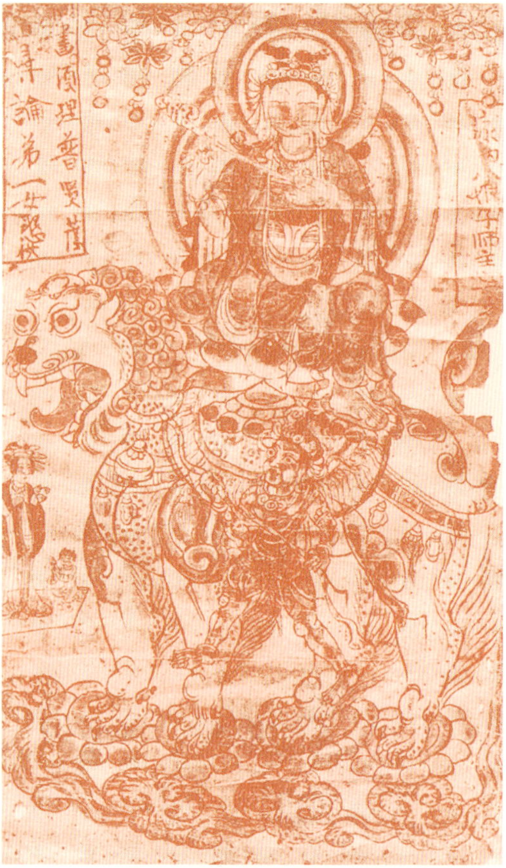

纸画，画面为佛教神祇　出自敦煌千佛洞

纸画，画面为四大天王　出自敦煌千佛洞

南无東方提頭賴吒天王

南無南方毗樓勒叉天王

南無東方提頭賴吒天王

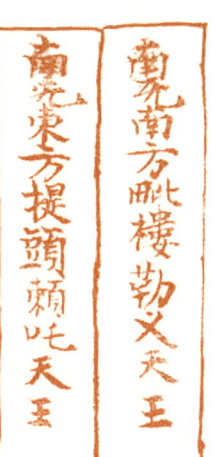

南无西方毗樓博叉天王

南无北方毗沙門天王

南无西方毗楼博叉天王

南无北方毗沙門天王

纸画，画面主要为佛教诸神　出自敦煌千佛洞

神名勤迦
神名禪叱迦

菩提经卷上的画，画面为佛教神祇　出自敦煌千佛洞

白描纸画　出自敦煌千佛洞

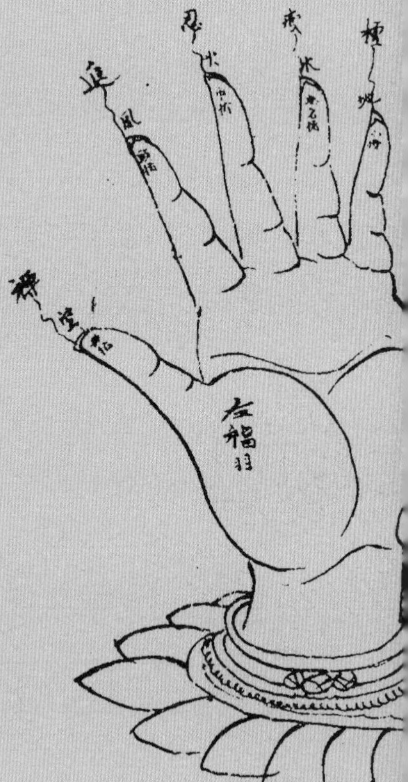

定
風
忍
火
中指
戒
水
無名指
檀
地
禪
空
左
福
羽

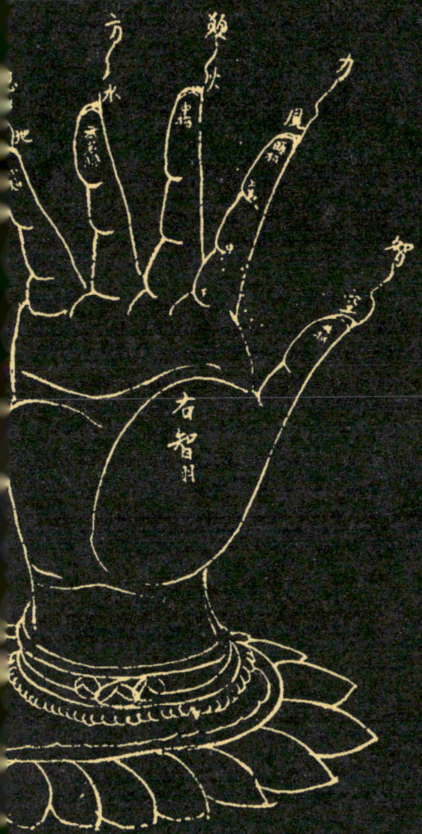
方
水
願
火
力
風
智
空
地
右智羽

白描纸画，画面为金刚及多种手姿等　出自敦煌千佛洞

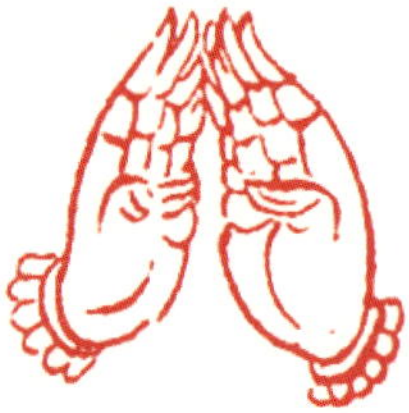

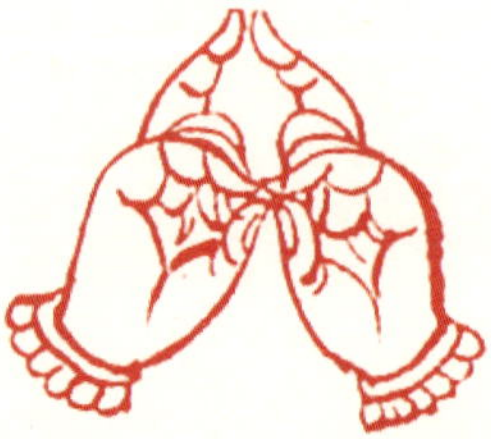

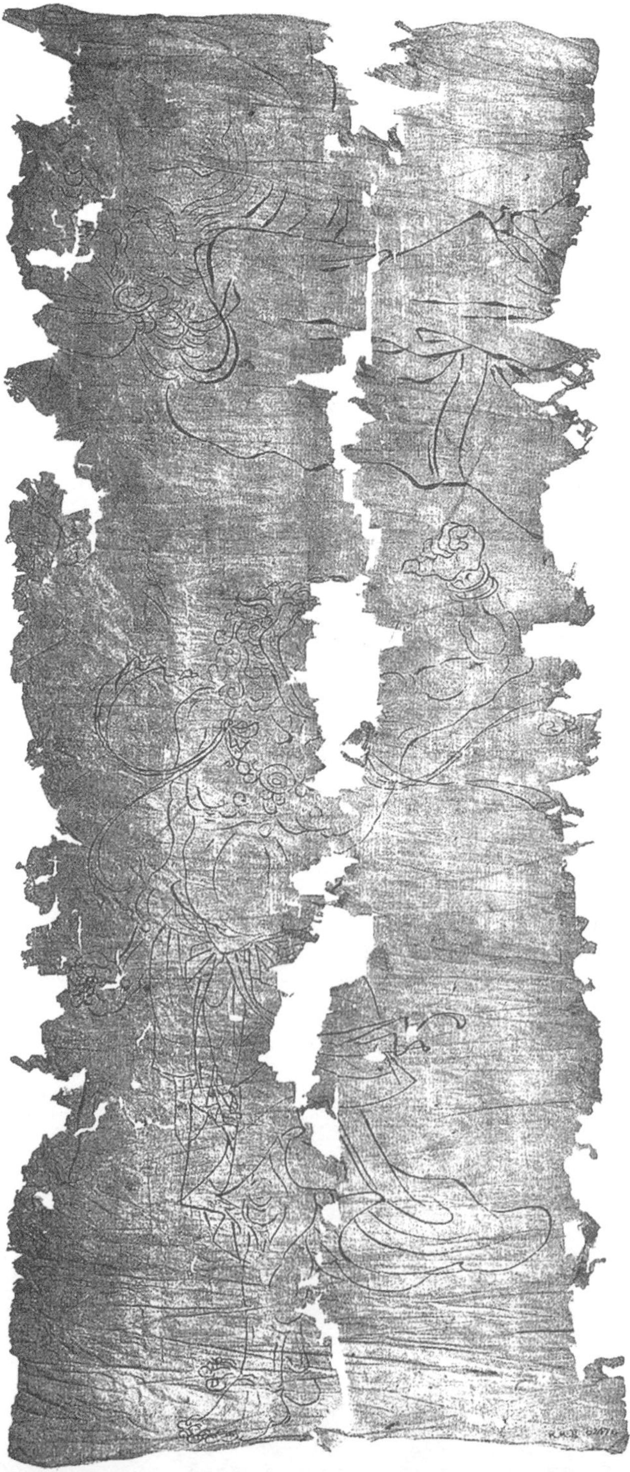

205　　版画（纸）　出自喀拉霍加

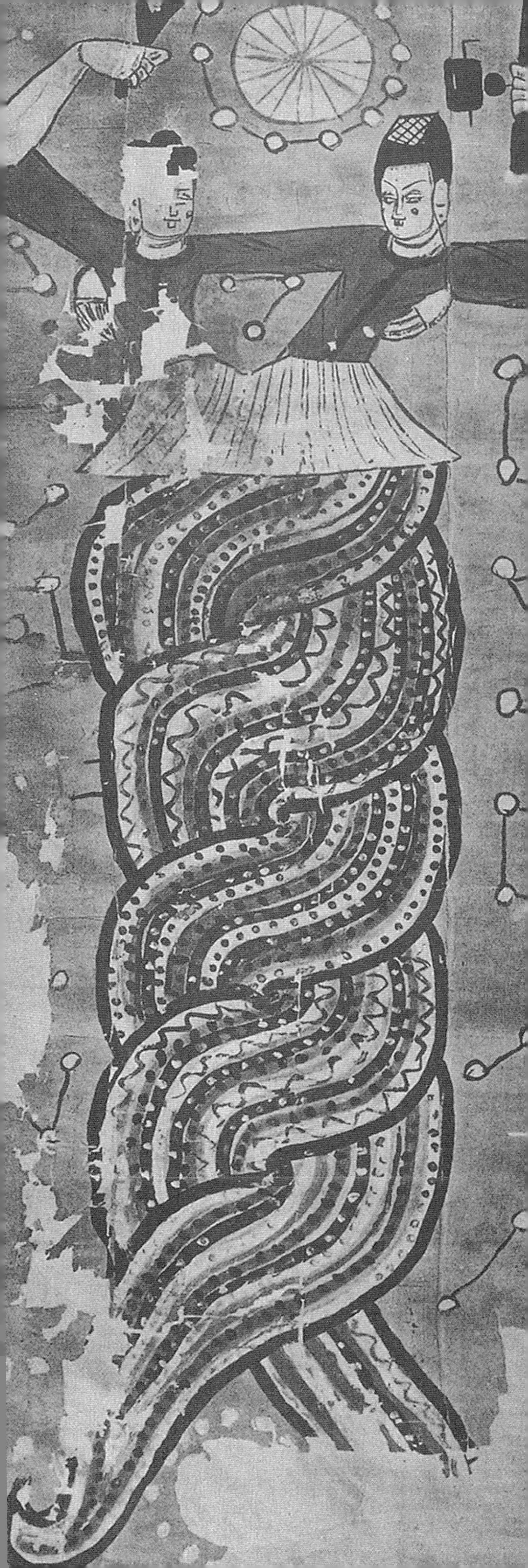

209　绢画残片，画面为夫人和童仆　出自阿斯塔那墓地

211　　纸画和绢画残片　出自哈喇浩特、阿斯塔那墓地

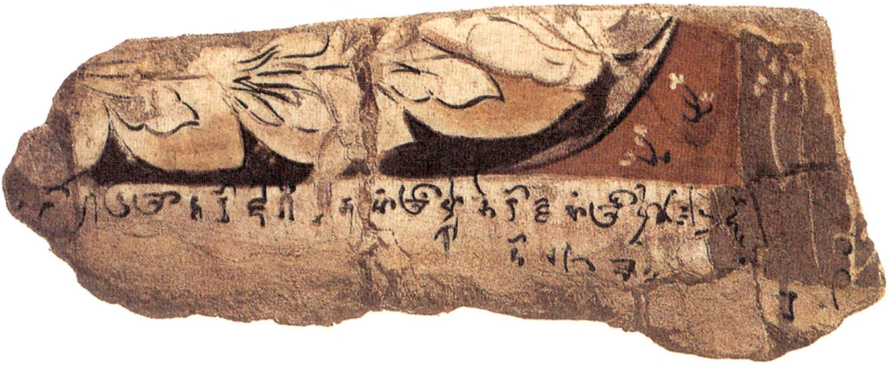

213　带题记的壁画残片　出自丹丹乌里克佛寺遗址

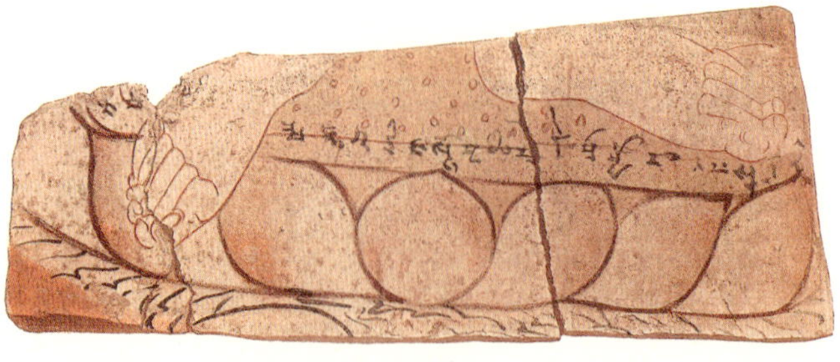

214　带题记的灰泥墙体壁画（局部）　出自丹丹乌里克佛寺遗址

木板画　出自丹丹乌里克居住遗址

217　　木板画　出自丹丹乌里克居住遗址

木板画　出自丹丹乌里克居住遗址

木雕屋门构件　出自尼雅居住遗址

　木雕座椅　出自尼雅居住遗址

木板画　出自丹丹乌里克佛寺遗址

224　　彩绘木柱　出自丹丹乌里克佛寺遗址

227　　彩色灰泥浮雕　出自安迪尔废墟

灰泥壁画残片　出自安迪尔佛寺遗址

纸质墨线素描　出自安迪尔佛寺遗址

Textile, Embroidery

织品 刺绣

 刺绣和花绸　出自敦煌千佛洞

盖香案用的帷幔残件，用多块花绸等织物拼成　出自敦煌千佛洞

大小不一的刺绣和花绸　出自敦煌千佛洞

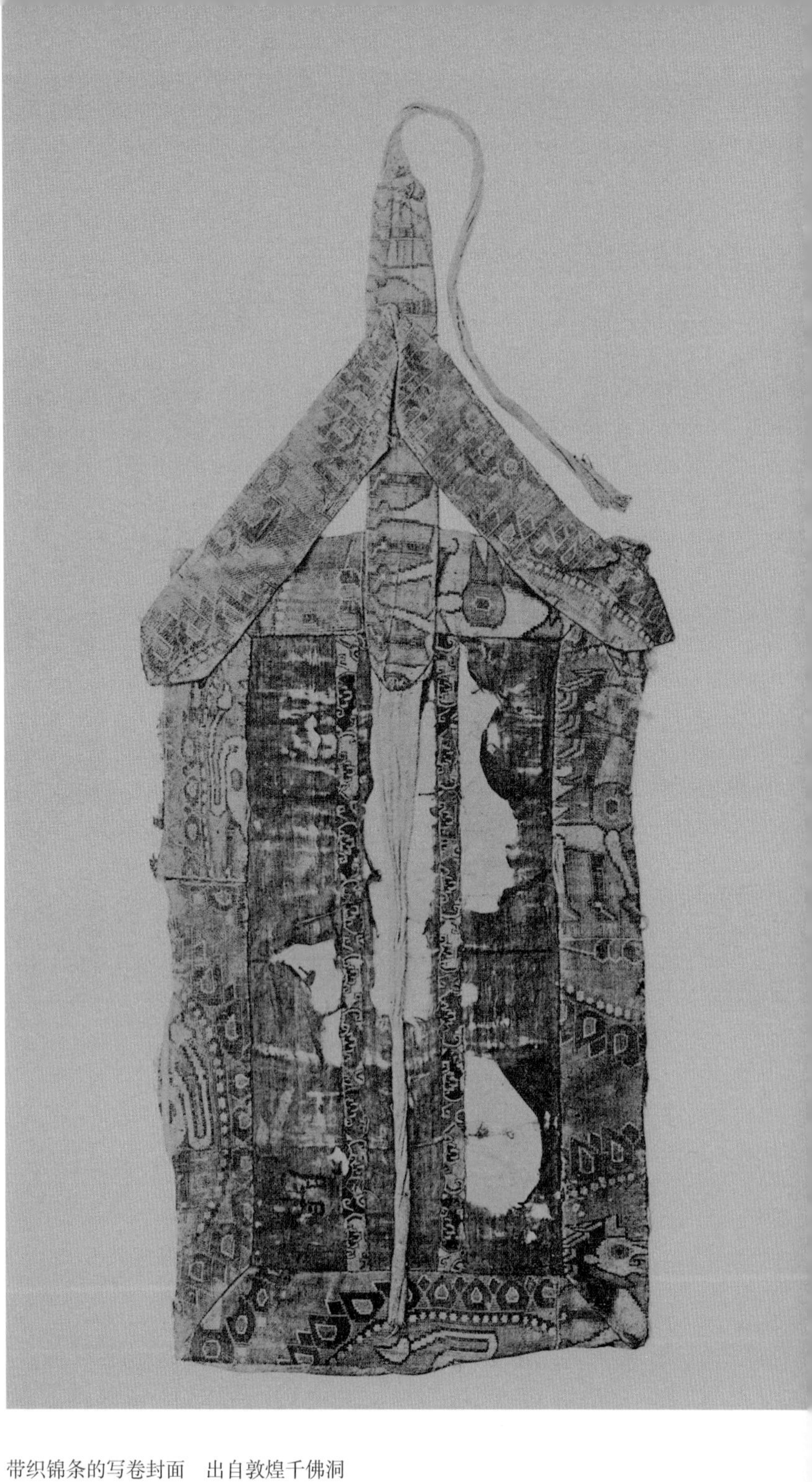

带织锦条的写卷封面　出自敦煌千佛洞

花绸和织锦　出自敦煌千佛洞

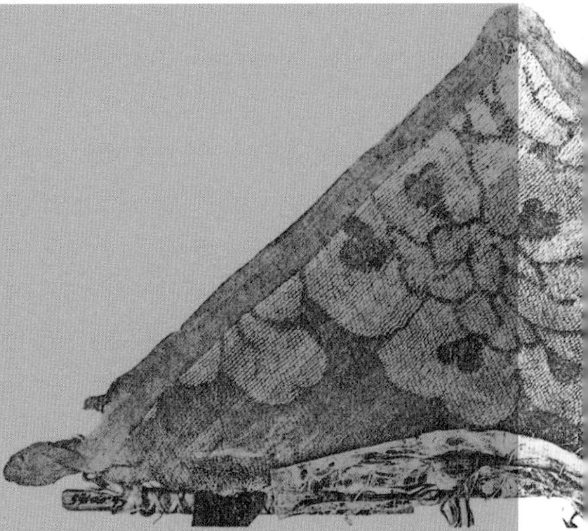

印花绸的织物图案示意图　出自敦煌千佛洞

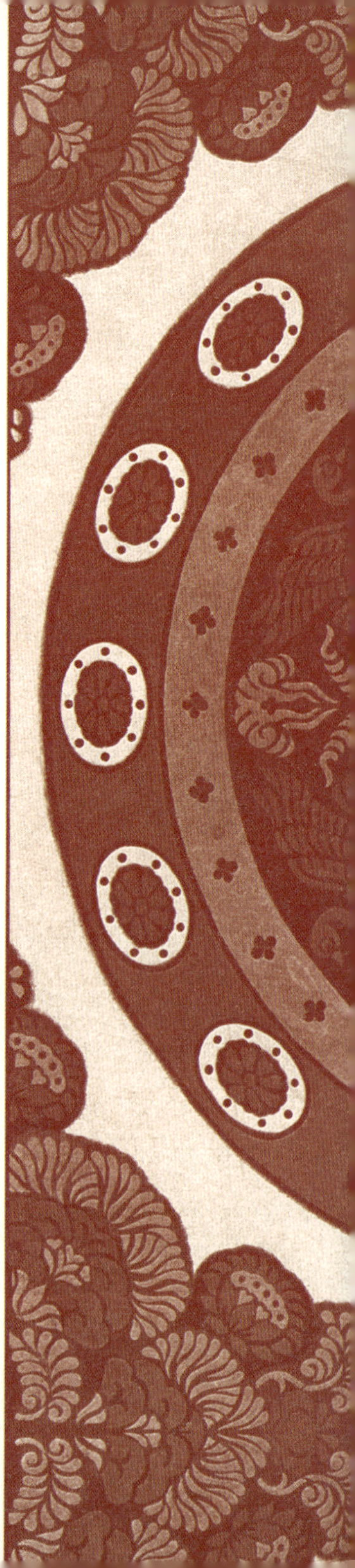

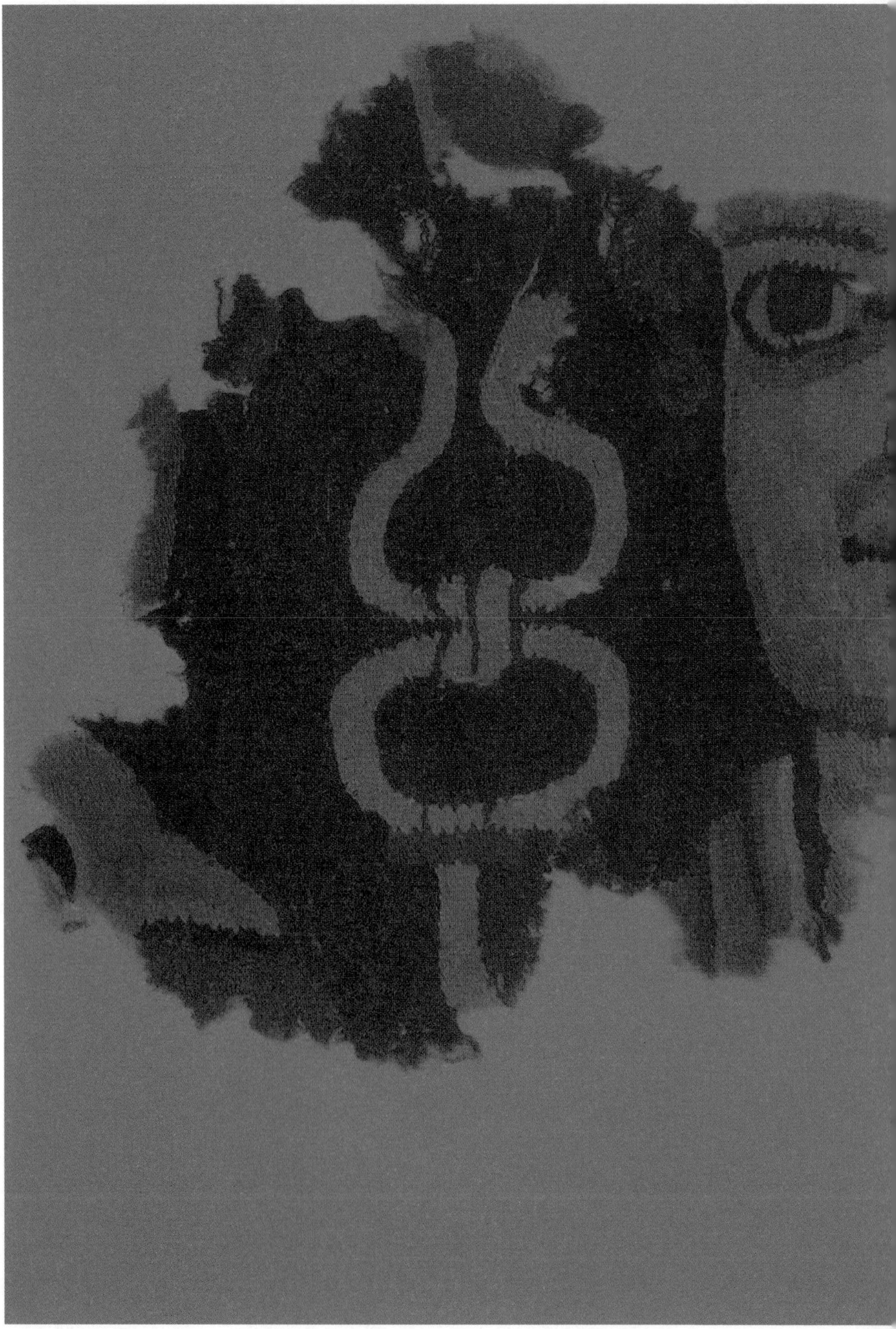

245　　毛挂毯残片　出自楼兰墓葬

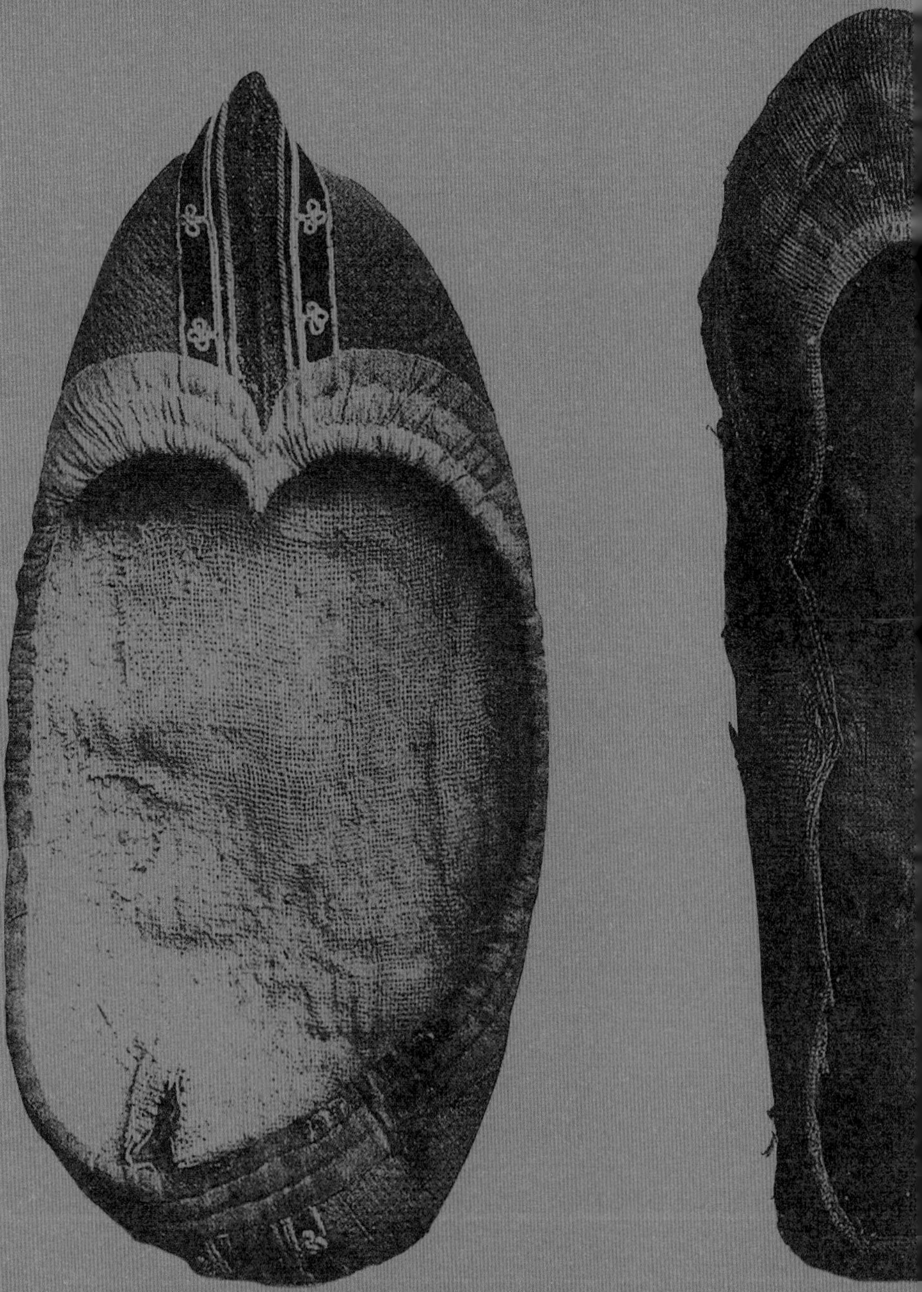

丝绣鞋　出自楼兰墓葬

刺绣吊帘，绣有一佛二弟子二菩萨像　出自敦煌千佛洞

刺绣吊帘，绣有千佛等像　出自敦煌千佛洞

Wooden Tablet

木牍

楔形佉卢文木牍　出自尼雅遗址

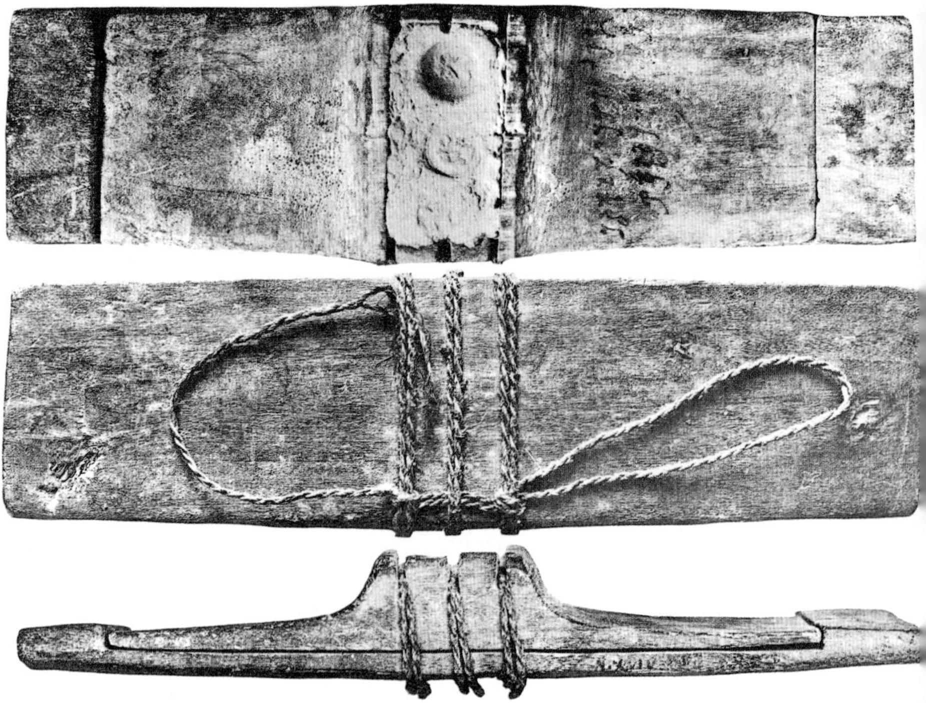

 矩形双面佉卢文木牍　出自尼雅遗址

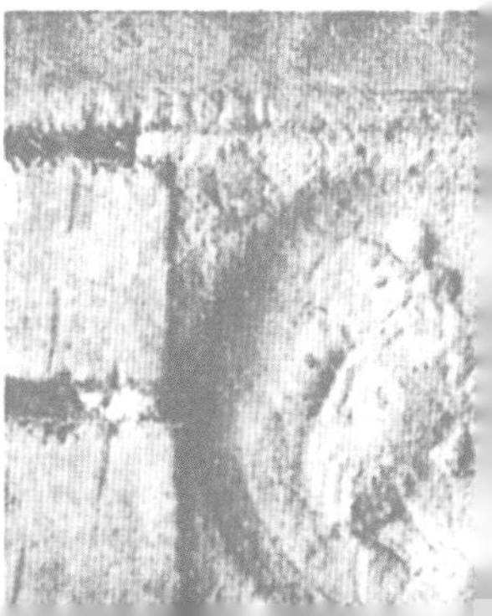

长方形佉卢文木牍和写在木棍上的佉卢文　出自尼雅遗址

 长方形及标签形佉卢文木牍　出自尼雅遗址

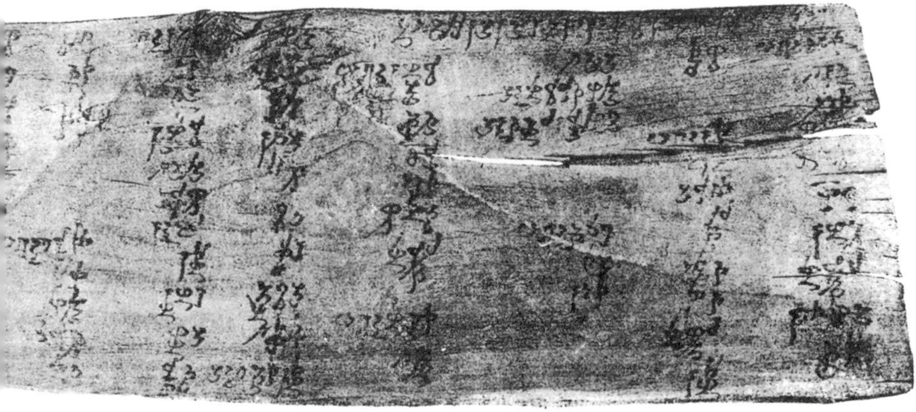

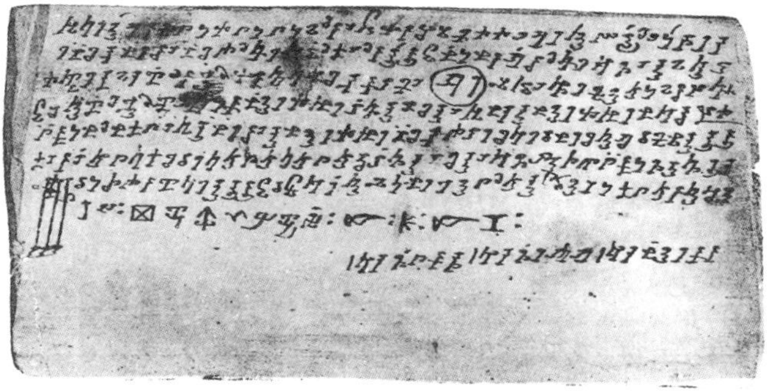

写在木板和纸上的佉卢文　出自安迪尔及楼兰遗址

佉卢文文书，写在木板上　出自尼雅及楼兰遗址

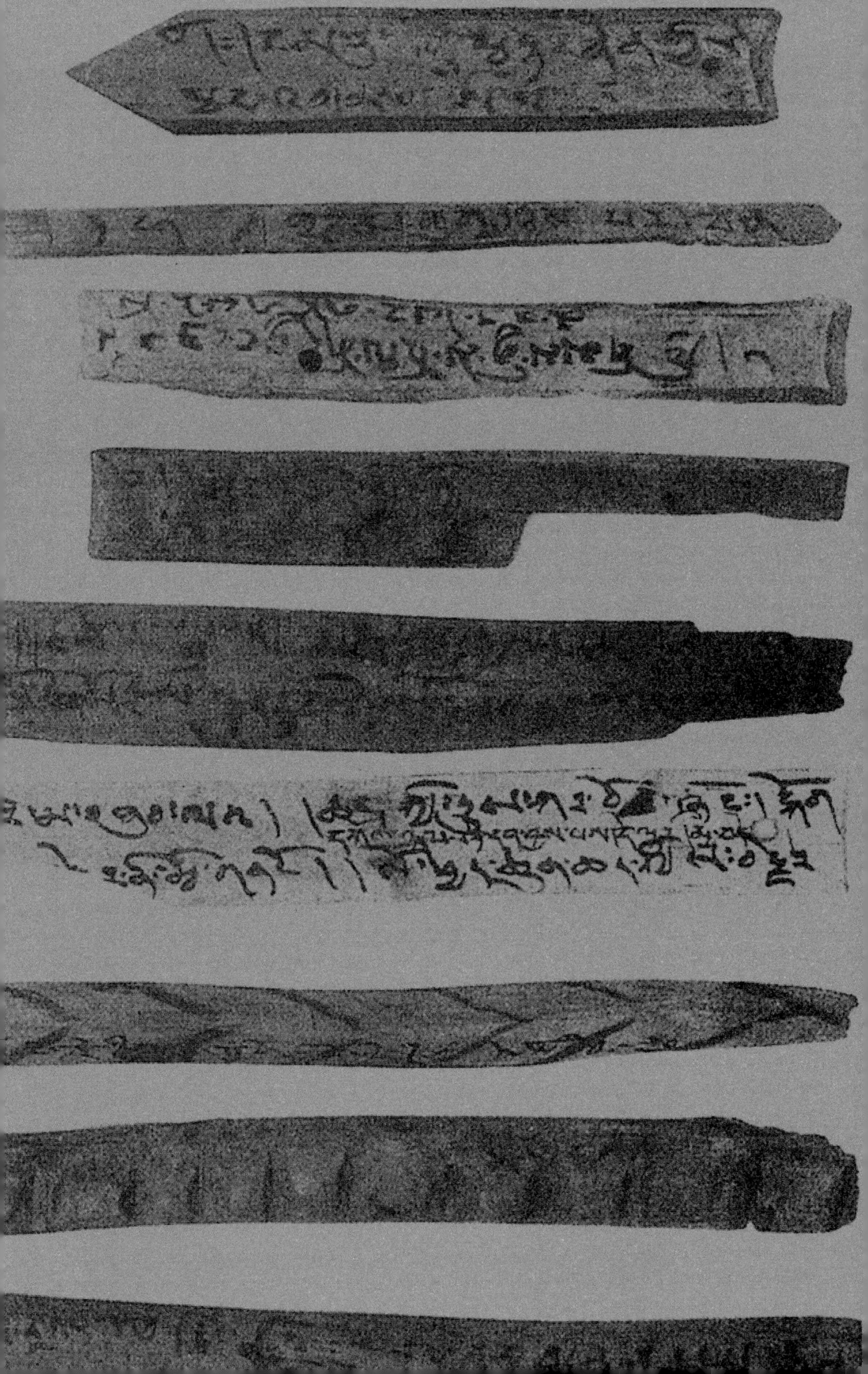

刺绣　出自敦煌千佛洞

王文沼雕板

Documents, Scriptures

文书 经文

施主李知順

回鹘文文书　出自哈喇浩特

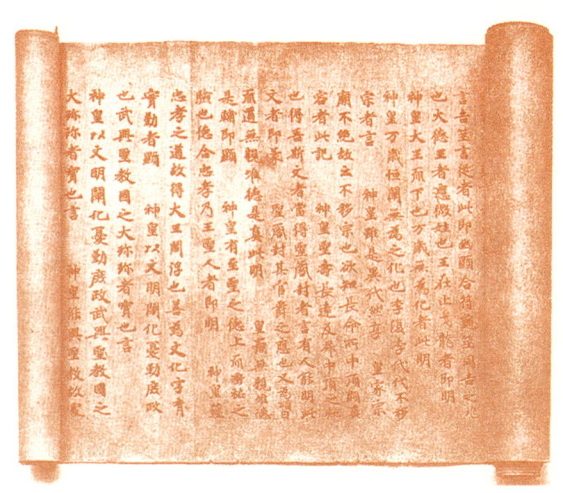

 公元 7—9 世纪颂扬武后功德的汉文文书　出自敦煌千佛洞

写在纸上和木板上的库车文、和田文文书　出自库车、吐鲁番及麻扎塔格

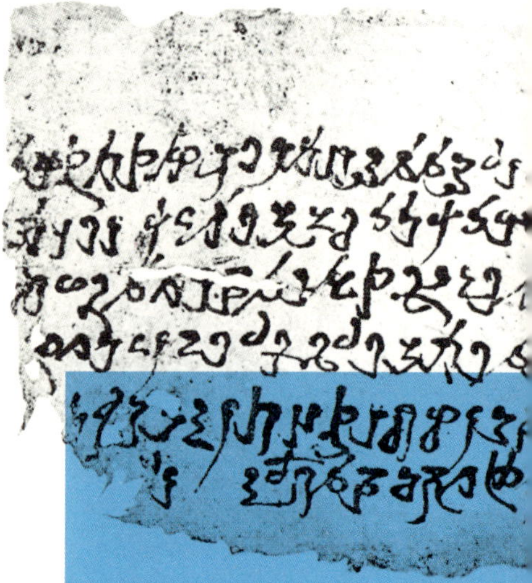

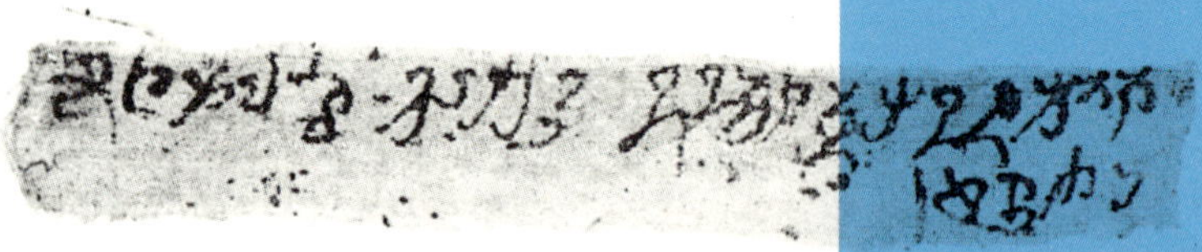

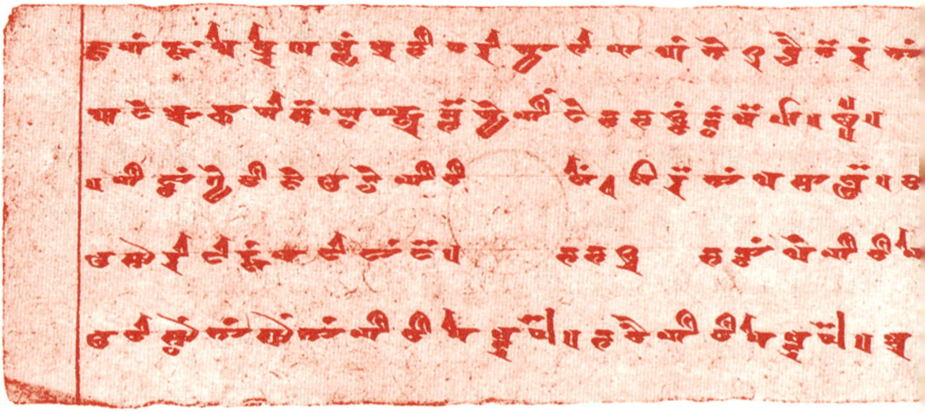

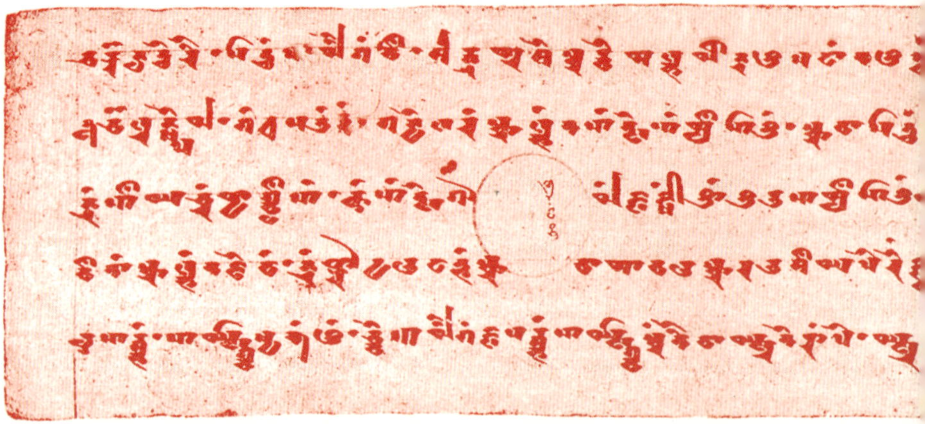

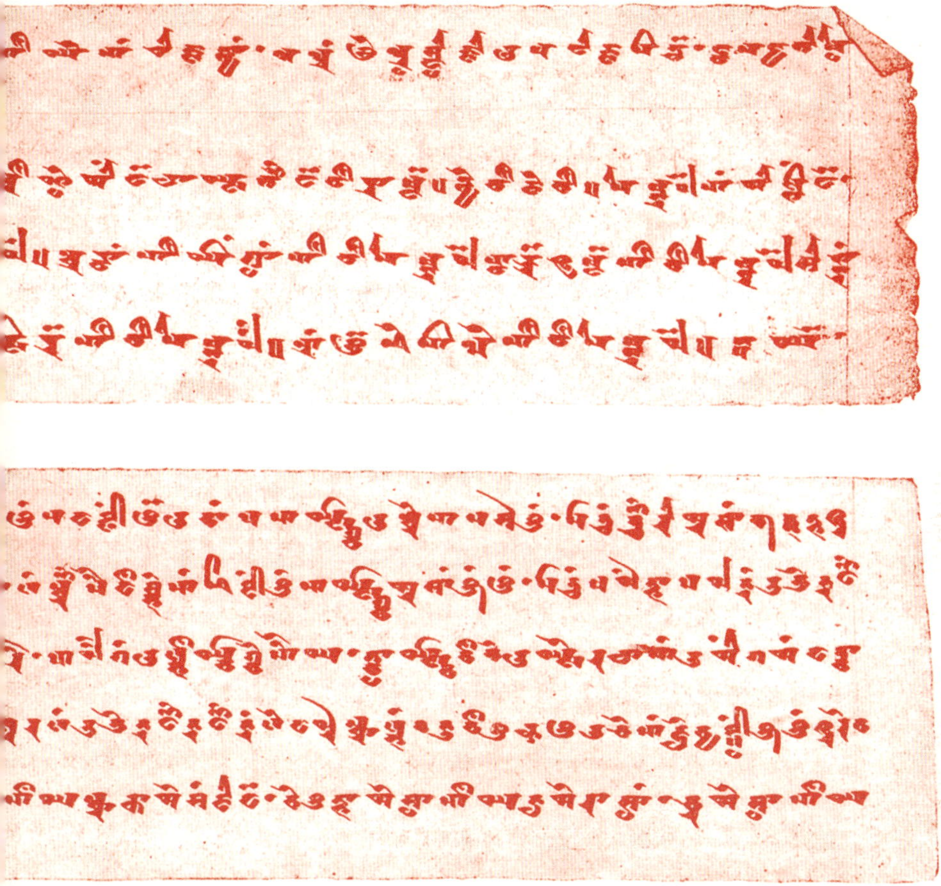

和田文菩提写卷，用笈多正体与笈多斜体书写　出自敦煌千佛洞

粟特文写卷　出自敦煌千佛洞

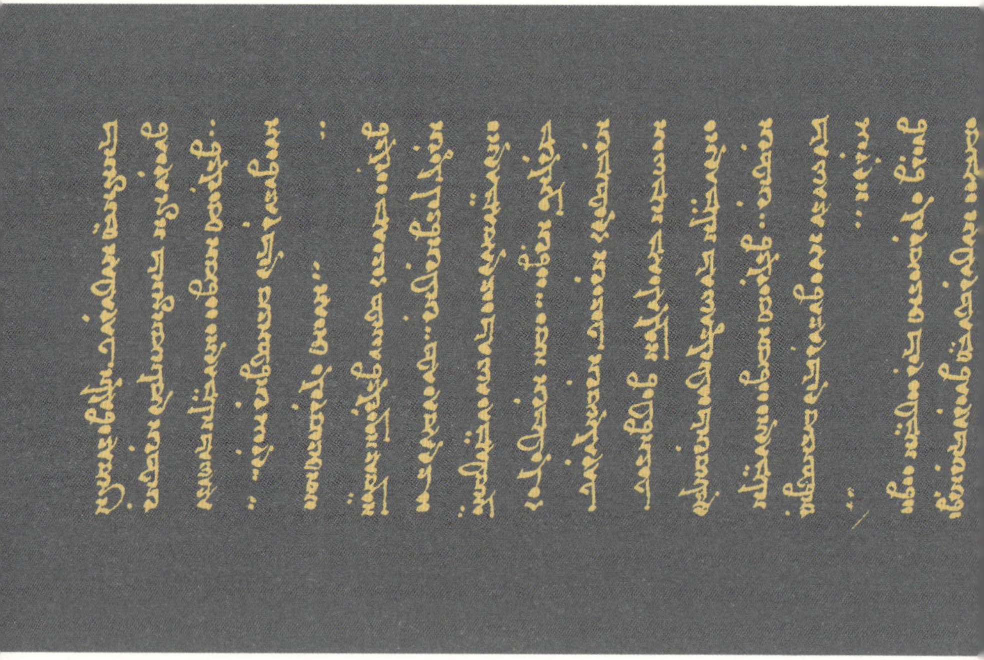

摩尼教徒忏悔词（局部），用突厥文书写　出自敦煌千佛洞

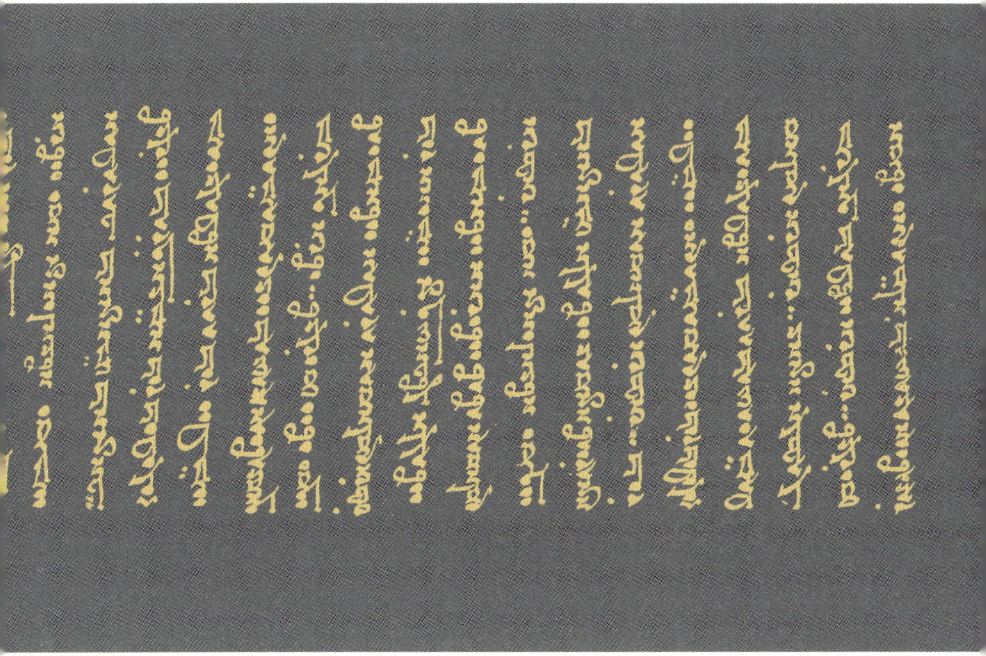

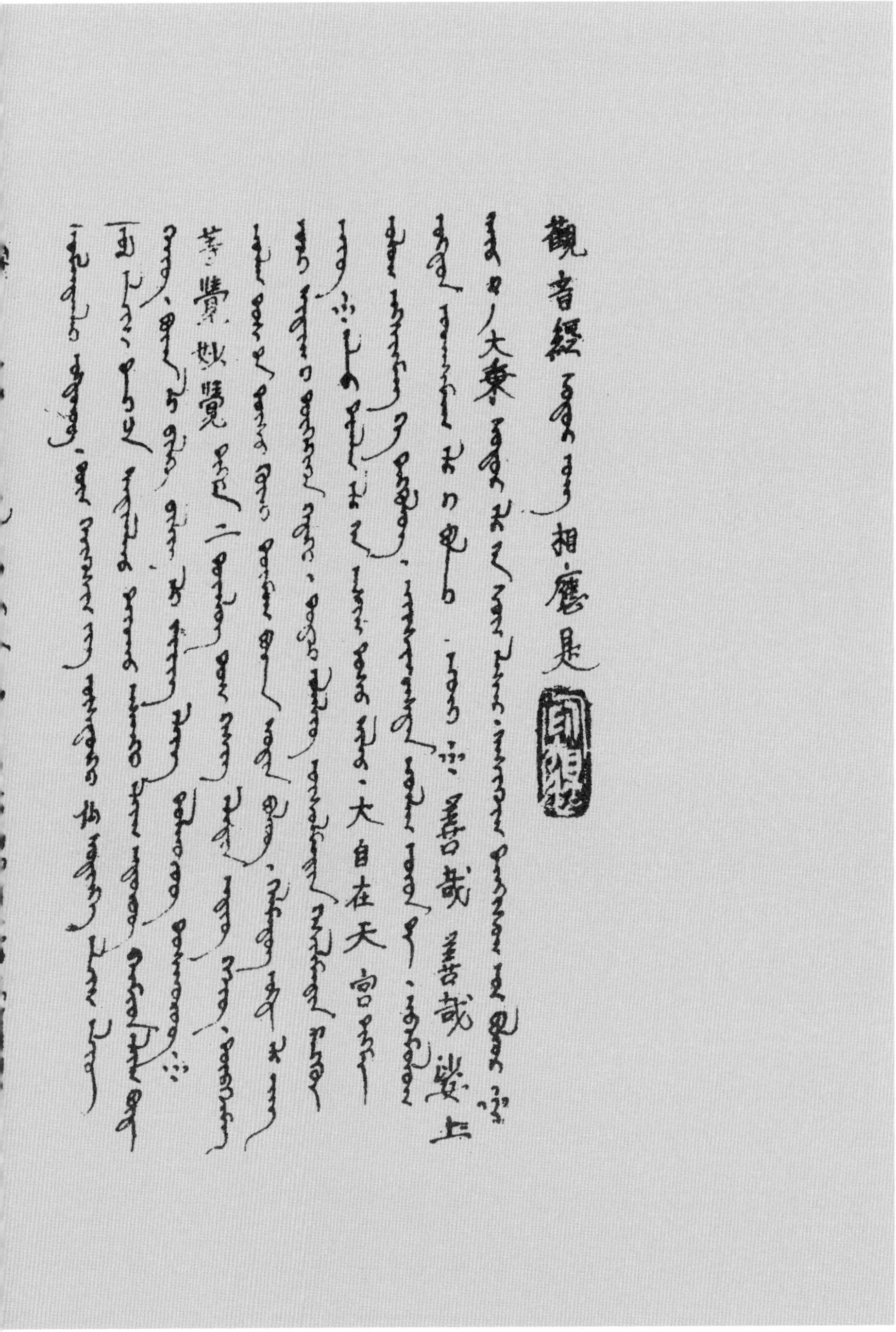
觀音經 相應是
大乘
善哉 善哉
大自在天宮
菩薩 妙覺 二

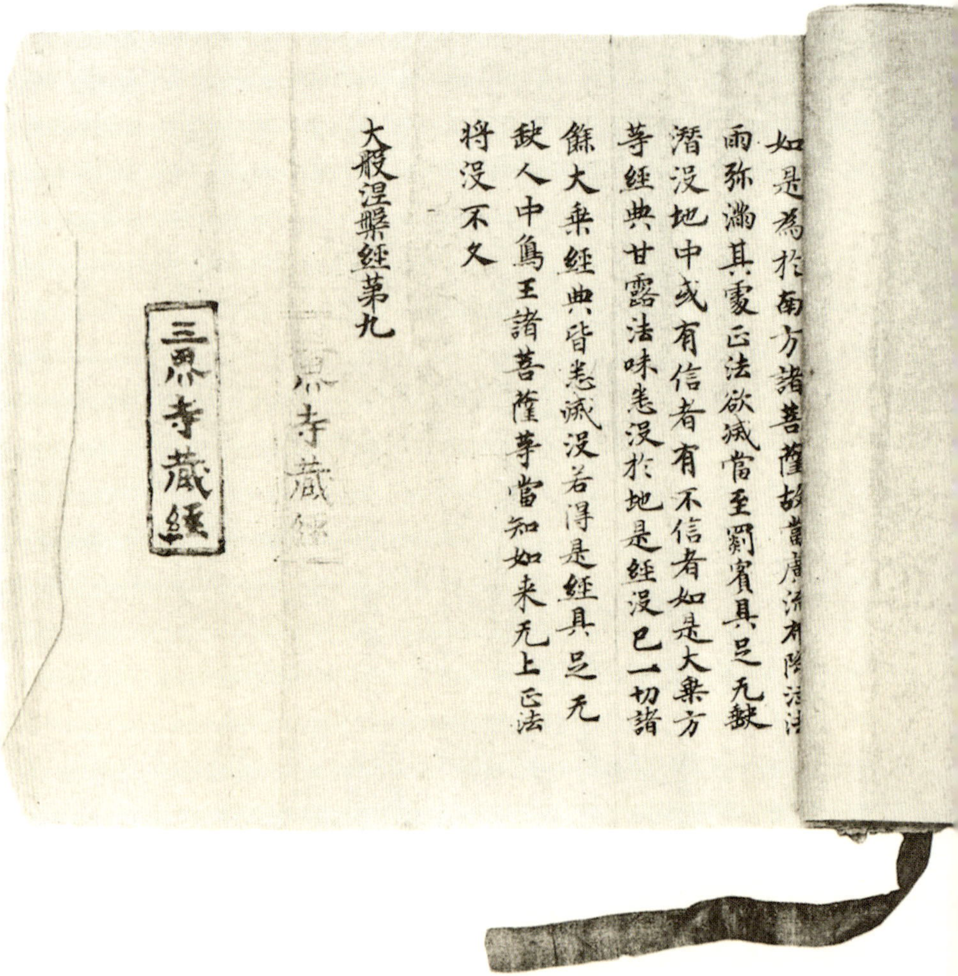
如是為於南方諸菩薩故當廣流布降注法
雨弥滿其處正法欲滅當至罽賓具足无缺
潛没地中或有信者有不信者如是大乘方
等經典甘露法味悉没於地是經没已一切諸
餘大乘經典皆悉滅没若得是經具足无
缺人中象王諸菩薩等當知如来无上正法
將没不久

大般涅槃經第九

三界寺藏經

三界寺藏經

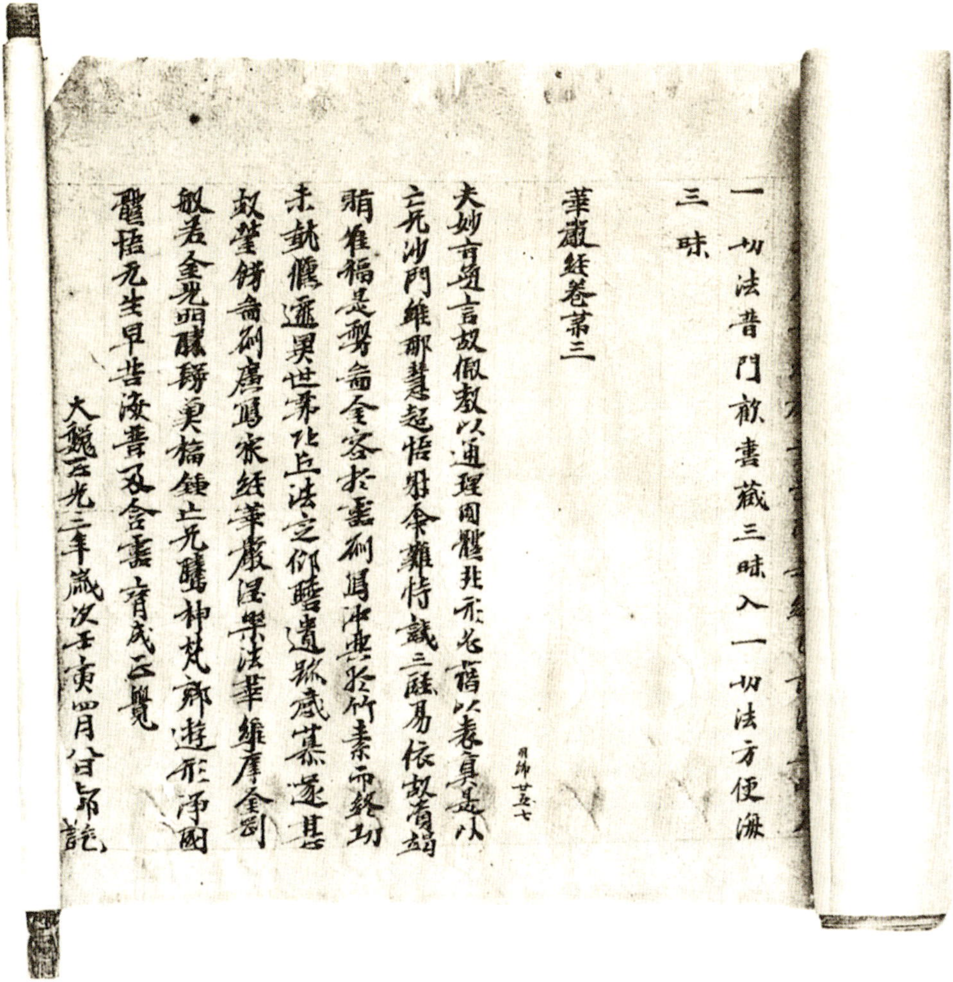
一切法普門旋書藏三昧入一切法方便海
三昧
華嚴經卷第三
用紙廿五七
夫妙旨無言故假教以通理圓體非形必藉以表真是以
亡兄沙門維那慧超悟物命難恃識三齡易依故資竭
賄唯福是務龕金容於靈剎寫沖典於竹素而餘功
未就倏遷異世弟比丘法定仰瞻遺跡感慕遂甚
故瑩飾龕剎廣寫衆經華嚴涅槃法華維摩金剛
般若金光明勝鬘冀福鍾亡兄騰神梵鄉遊形淨國
體悟無生早昔海普及含靈齊成正覺
大魏正光三年歲次壬寅四月八日畢訖

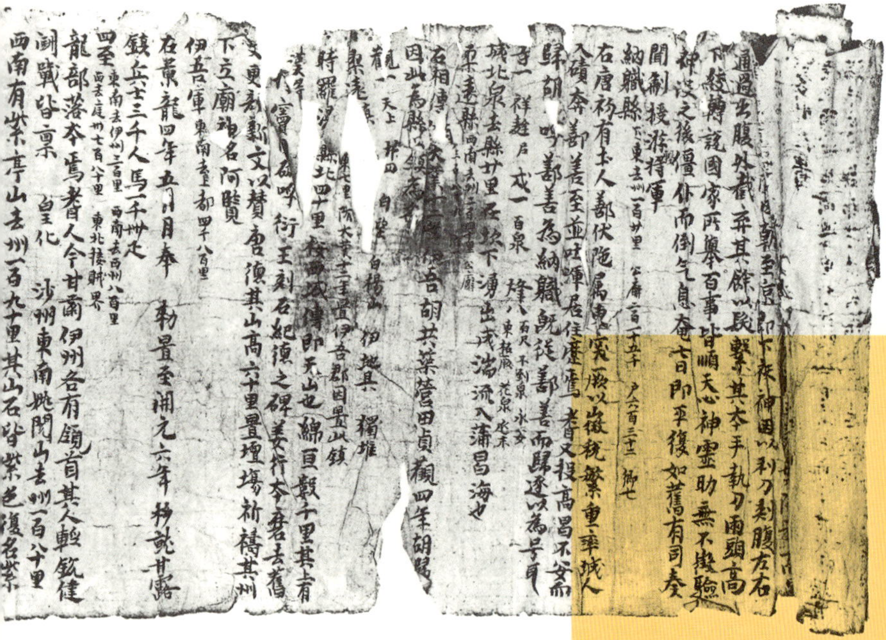

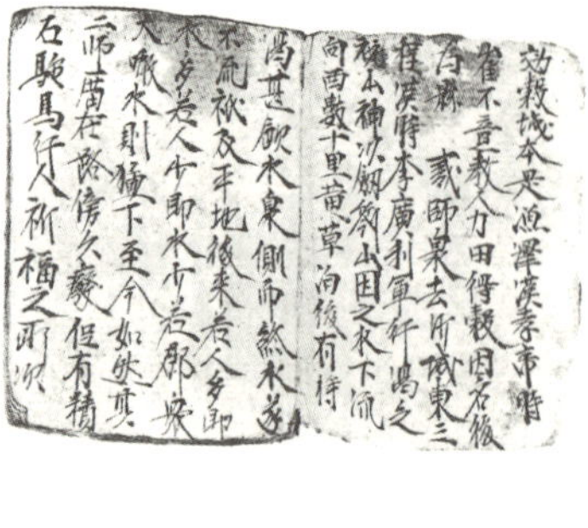

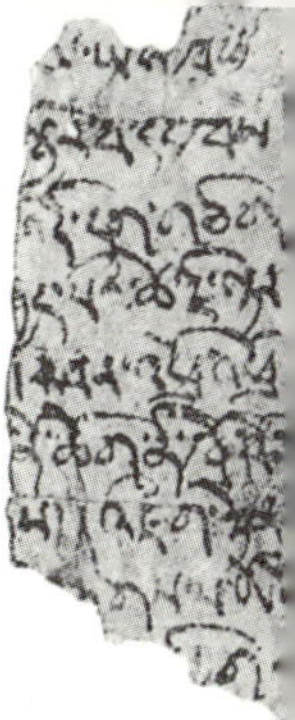

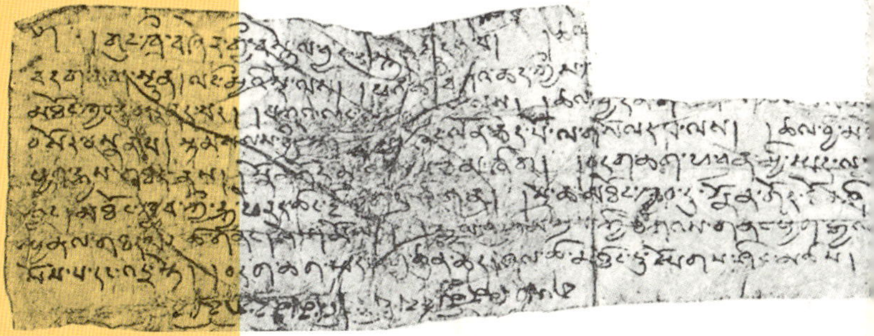

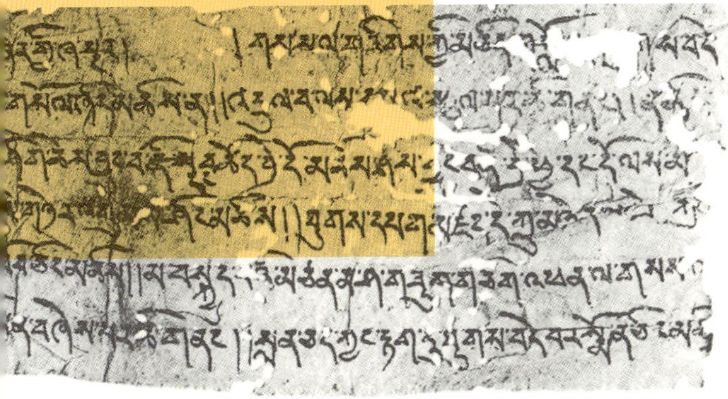

吐蕃文文书　出自米兰遗址

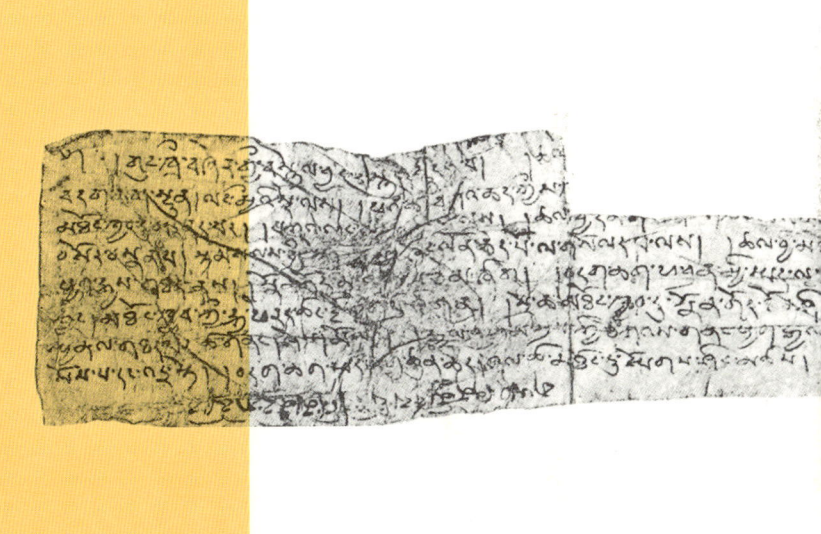

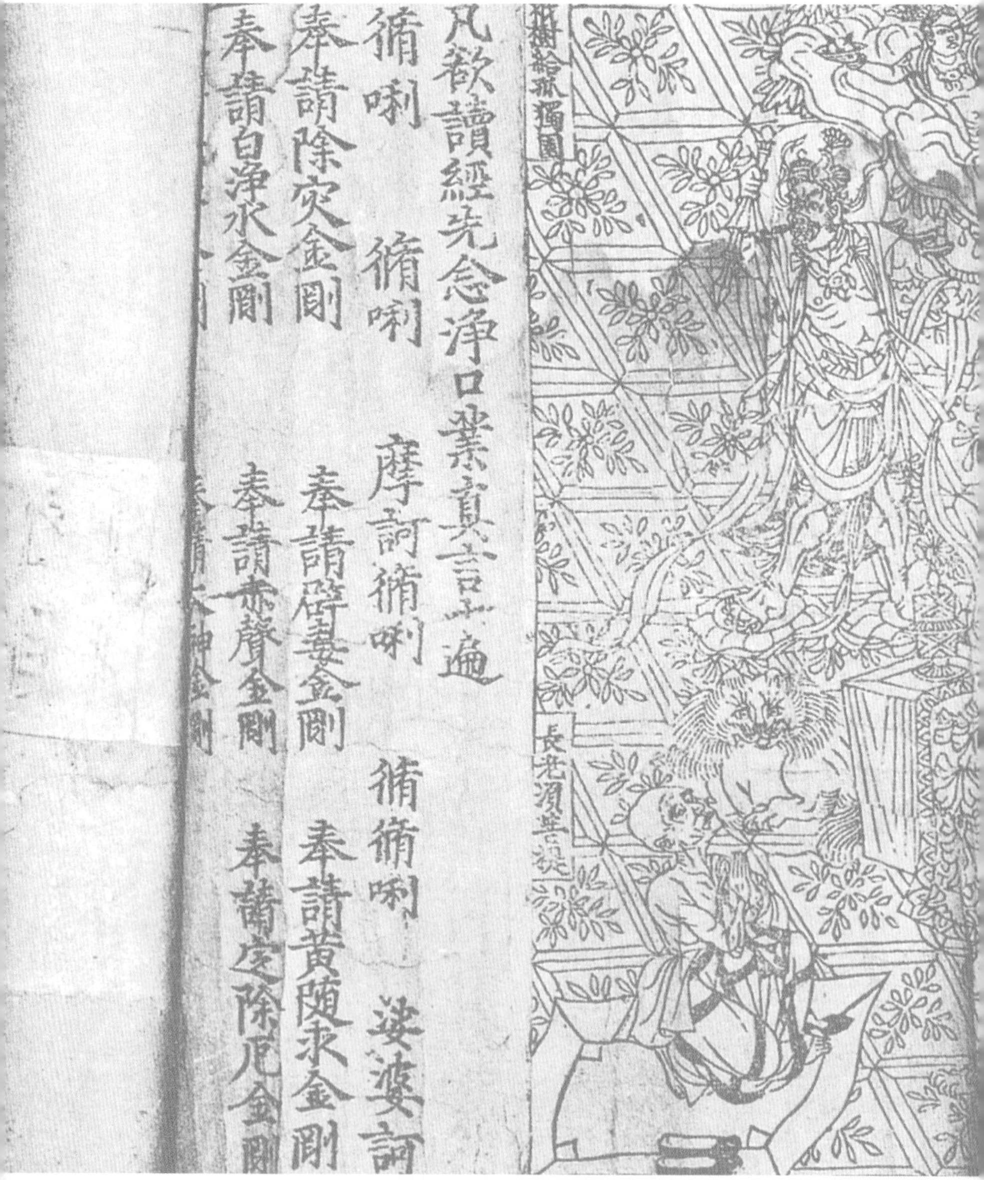

祇樹給孤獨園
長老須菩提
凡欲讀經先念淨口業真言一遍
脩唎 脩唎 摩訶脩唎 脩脩唎 娑婆訶
奉請除災金剛 奉請辟毒金剛 奉請黃隨求金剛
奉請白淨水金剛 奉請赤聲金剛 奉請定除厄金剛

佛教题材的雕版印刷品　出自敦煌千佛洞

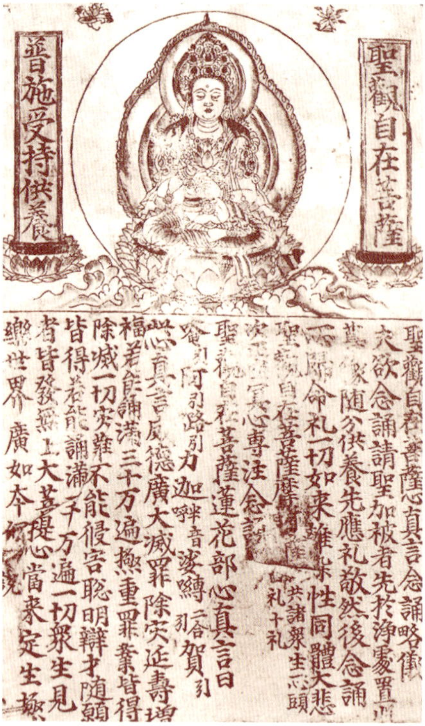

聖觀自在菩薩

普施受持供養

聖觀自在菩薩心真言念誦略儀

夫欲念誦請聖加被者先於浄處置此

尊像隨分供養食先應礼敬然後念誦

一心歸命礼一切如來離染性同體大悲

聖觀自在菩薩摩訶薩 共諸衆生一心頭面礼十礼

次正坐冥心専注念誦

聖觀自在菩薩蓮花部心真言曰

唵引阿引嚕引力迦半音娑嚩二合賀引

此心真言威德廣大滅罪除災延壽增

福若能誦滿三十万遍撫重罪業皆得

除滅一切災難不能侵害聰明辯才隨願

皆得若能誦滿一千万遍一切衆生見

者皆發無上大菩提心當來定生極

樂世界廣如本經所說

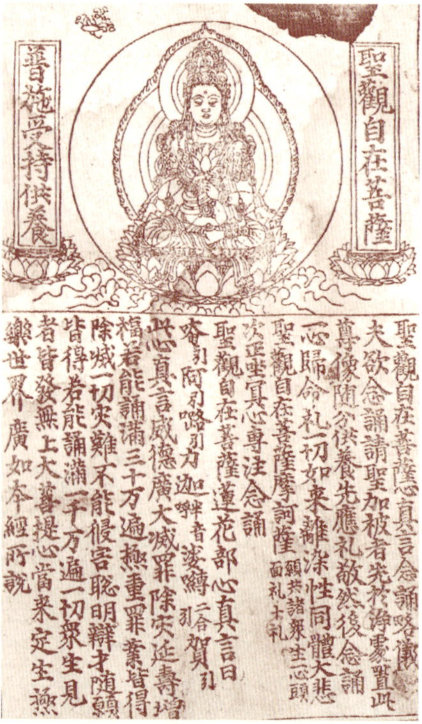

聖觀自在菩薩

普施受持供養

聖觀自在菩薩心真言念誦略儀

夫欲念誦請聖加被者先於浄處置此

尊像隨分供養食先應礼敬然後念誦

一心歸命礼一切如來離染性同體大悲

聖觀自在菩薩摩訶薩 共諸衆生一心頭面礼十礼

次正坐冥心専注念誦

聖觀自在菩薩蓮花部心真言曰

唵引阿引嚕引力迦半音娑嚩二合賀引

此心真言威德廣大滅罪除災延壽增

福若能誦滿三十万遍撫重罪業皆得

除滅一切災難不能侵害聰明辯才隨願

皆得若能誦滿一千万遍一切衆生見

者皆發無上大菩提心當來定生極

樂世界廣如本經所說

雕版印刷的佛经　出自敦煌千佛洞

王文沼雕板

真多麼報

輪一唵作羯羅

載一唵座哩

施主李知順

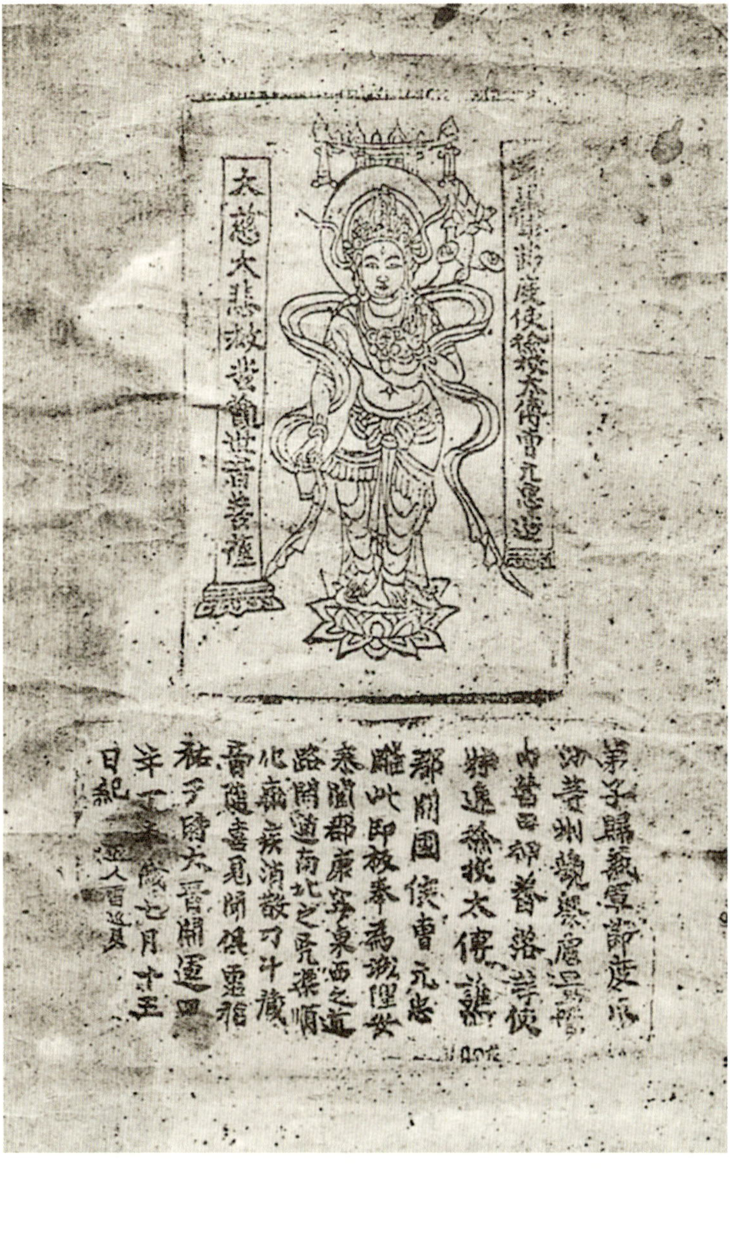

雕版印刷的佛教祈祷文　出自敦煌千佛洞

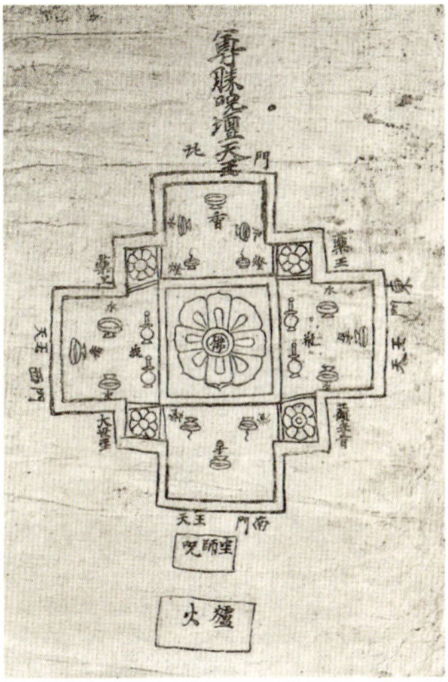

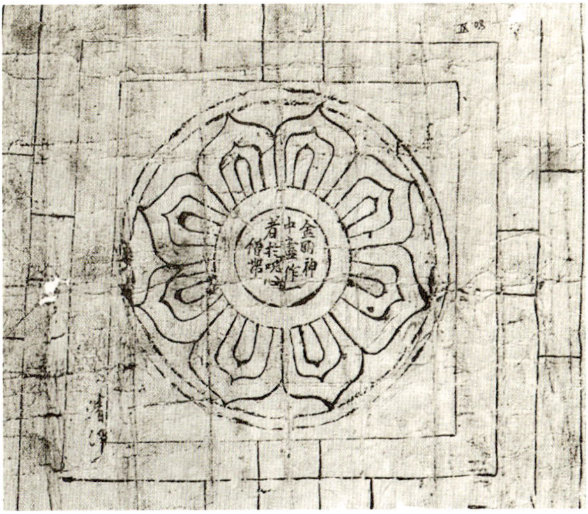

白描佛教符咒等　出自敦煌千佛洞

Other Items

杂品

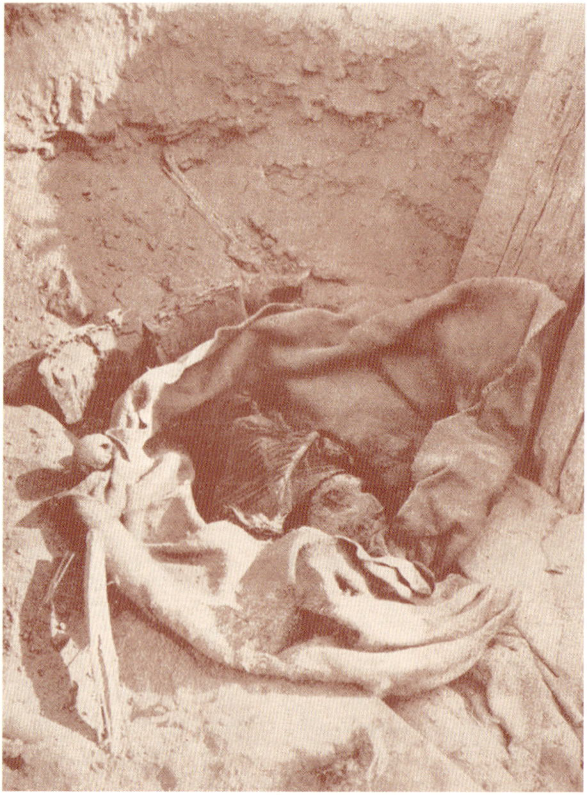

罗布沙漠中发掘的死者头部

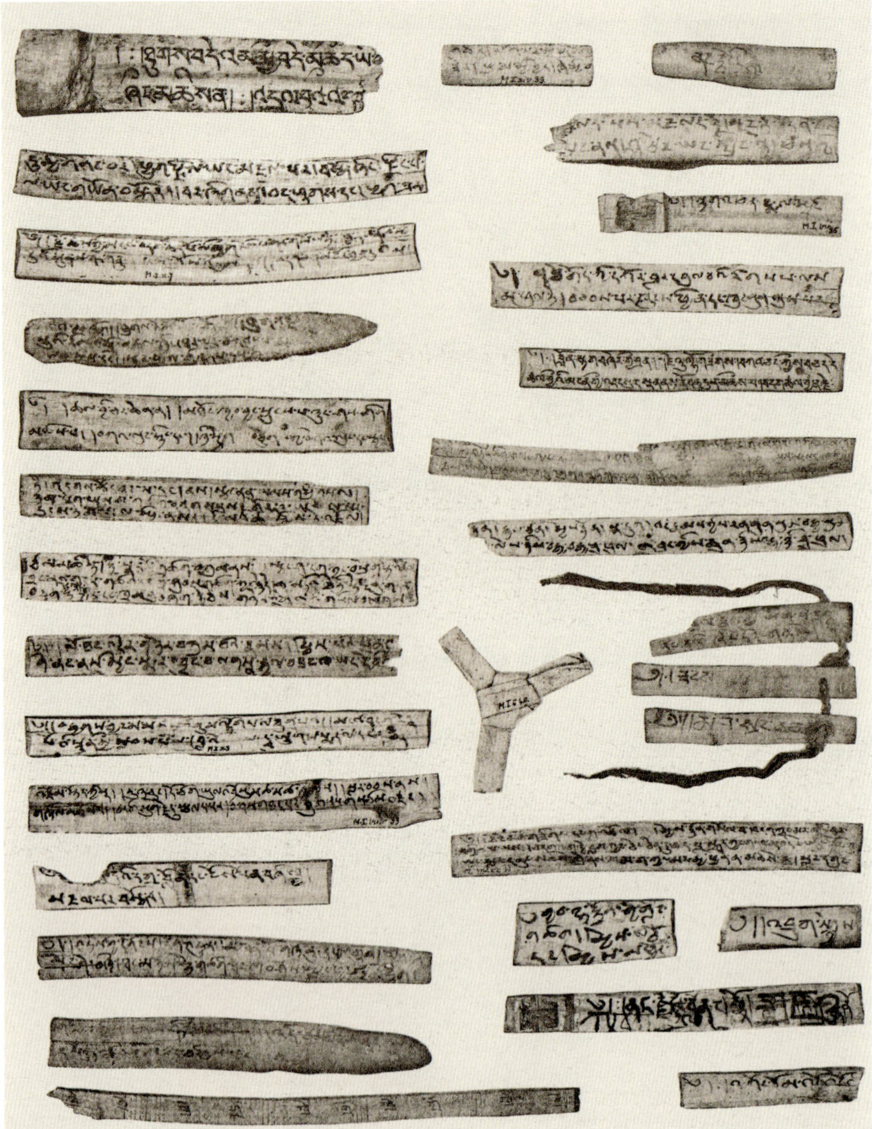

 吐蕃文木牍　出自米兰遗址　　汉文题识拓片　出自敦煌千佛洞

□□□□□□□□□□□□□□□□

□僧統攝沙州僧政法律三學教主洪辯

釋門義學都法師悟真等蓋聞其先出自

□之戍□□辮髮之宗爾等誕質戎壇

空王之法革其異類之心猶□悍□誠□□

□風衣從行或傾向天闕色□其貺路或

□其迷律心惟可嘉跡頗旁宜酬節義

遷之勤假內外臨壇名錫中華大德之

耀戒緇流宣□京城內外臨壇供奉大

臨壇大德仍並賜紫餘各如故

大中五年五月廿一日

□□奉行

大中五年五月　日

壇供奉大德並擇□可兩□統

學教主賜紫洪□奉敕如右

勅□言師前遣弟子僧悟真□表□□□

師中□表高西直律儀修行合□夫戎律

調御而深藏慧劍而遠懷圖烈被皇

風專遣僧徒倫申懇協令取達鄉閭之韵

□擅祖父之流覺懷孝與忠斯謂無更且

章思唐之俗終成歸化之心施尊今遍子

□保列全授師京城內外臨壇供奉大德

仍賜紫衣放前充河西釋門都僧統沙

州僧政法律三學教主兼賜勅牒□僧□直

之接章城臨□大德仍賜紫衣□勅□□

錫衣龍澤□□思勤當端表誠用□□

師等何正陳情表請依律闡風俗□□

法者□朕□譯□□□□師

極□□尊□□求□□□

之□師□□□□□

錫□師□□□□□

與□賜□勅書□□

□□□書指不多及

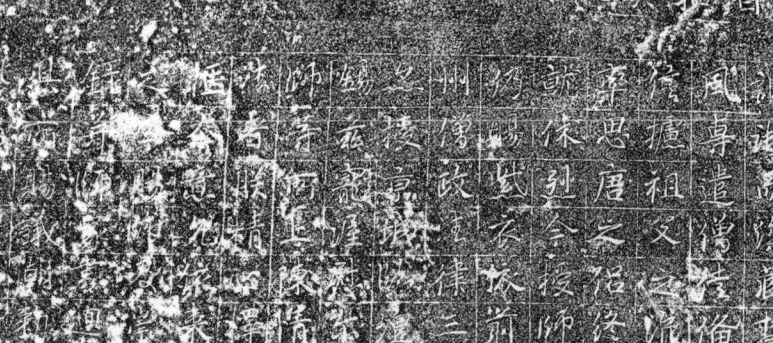

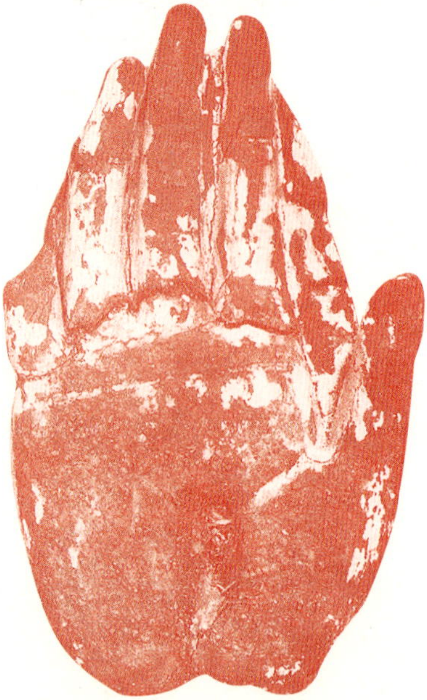

陶片　出自汉长城烽燧

陶器、泥浮雕　出自哈喇浩特佛寺、桥湾城

陶器残片　出自哈喇浩特遗址

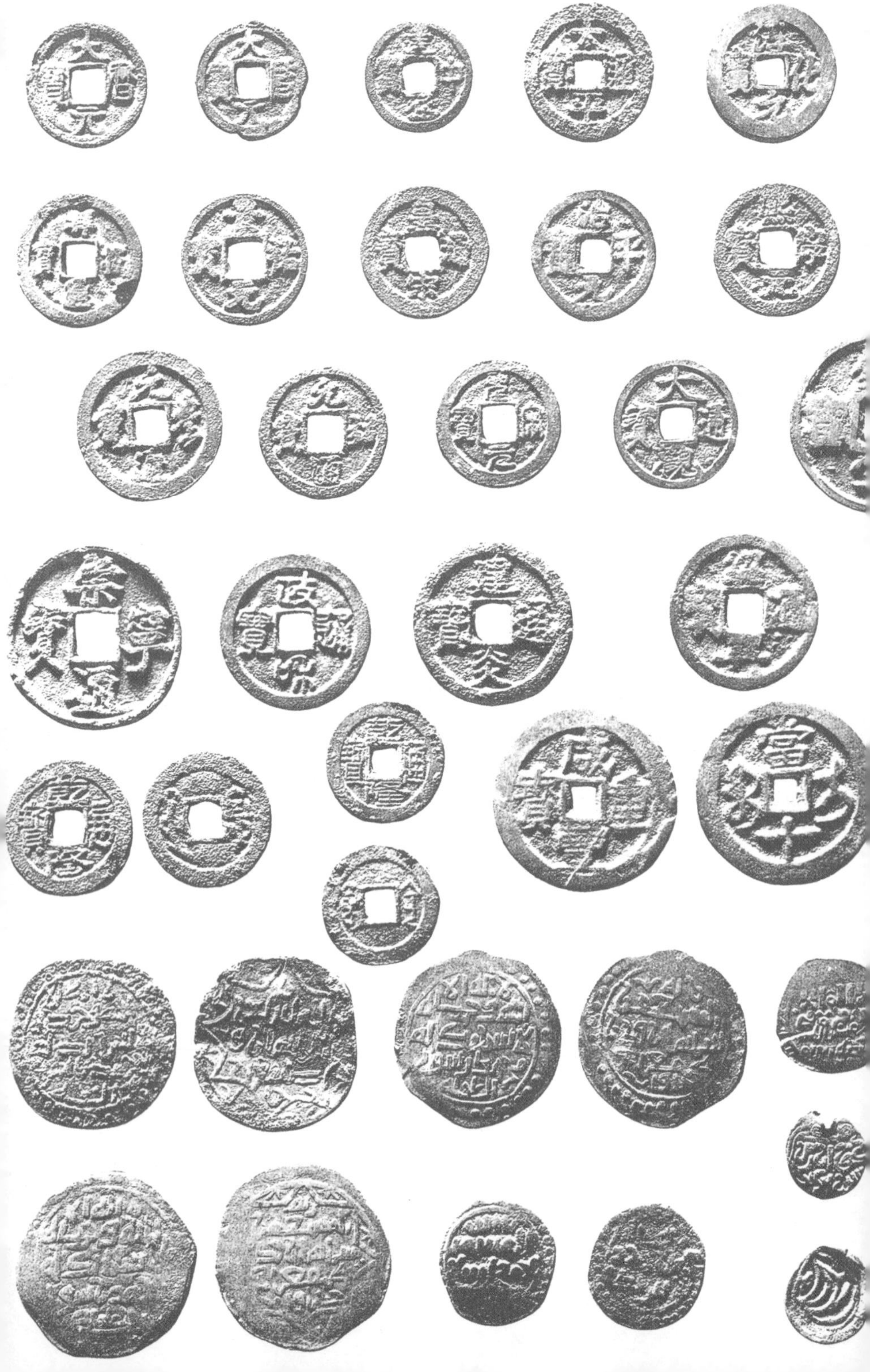

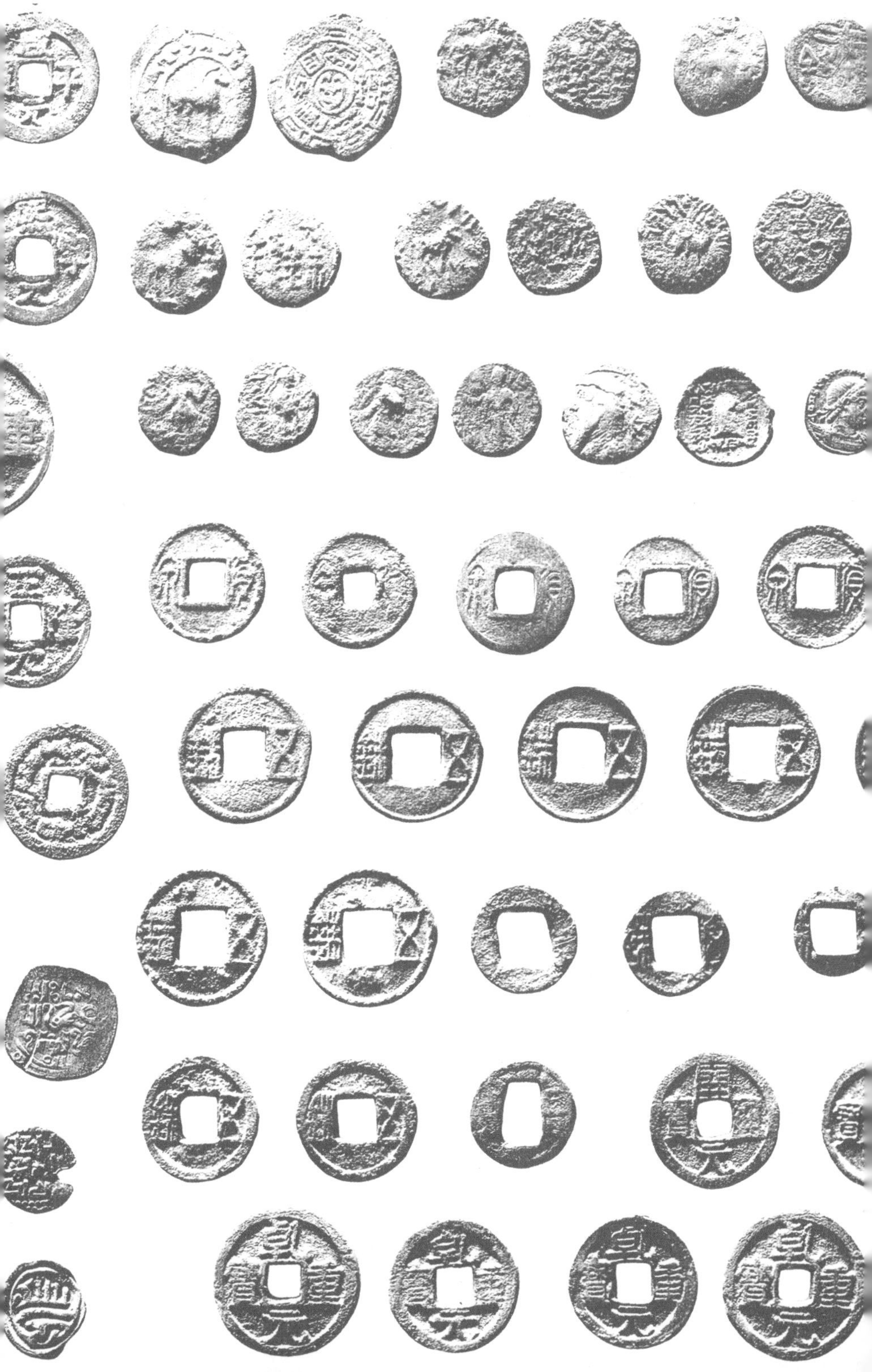

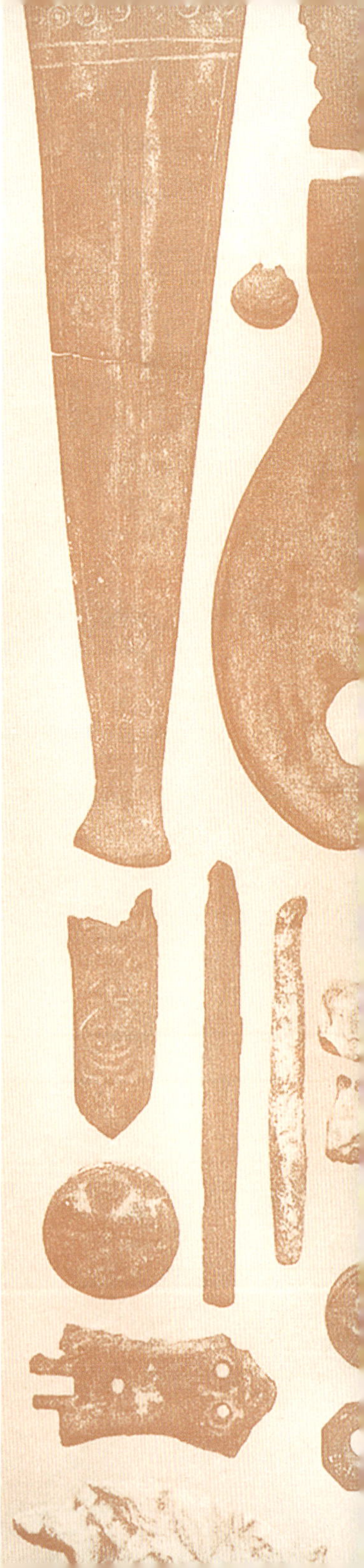

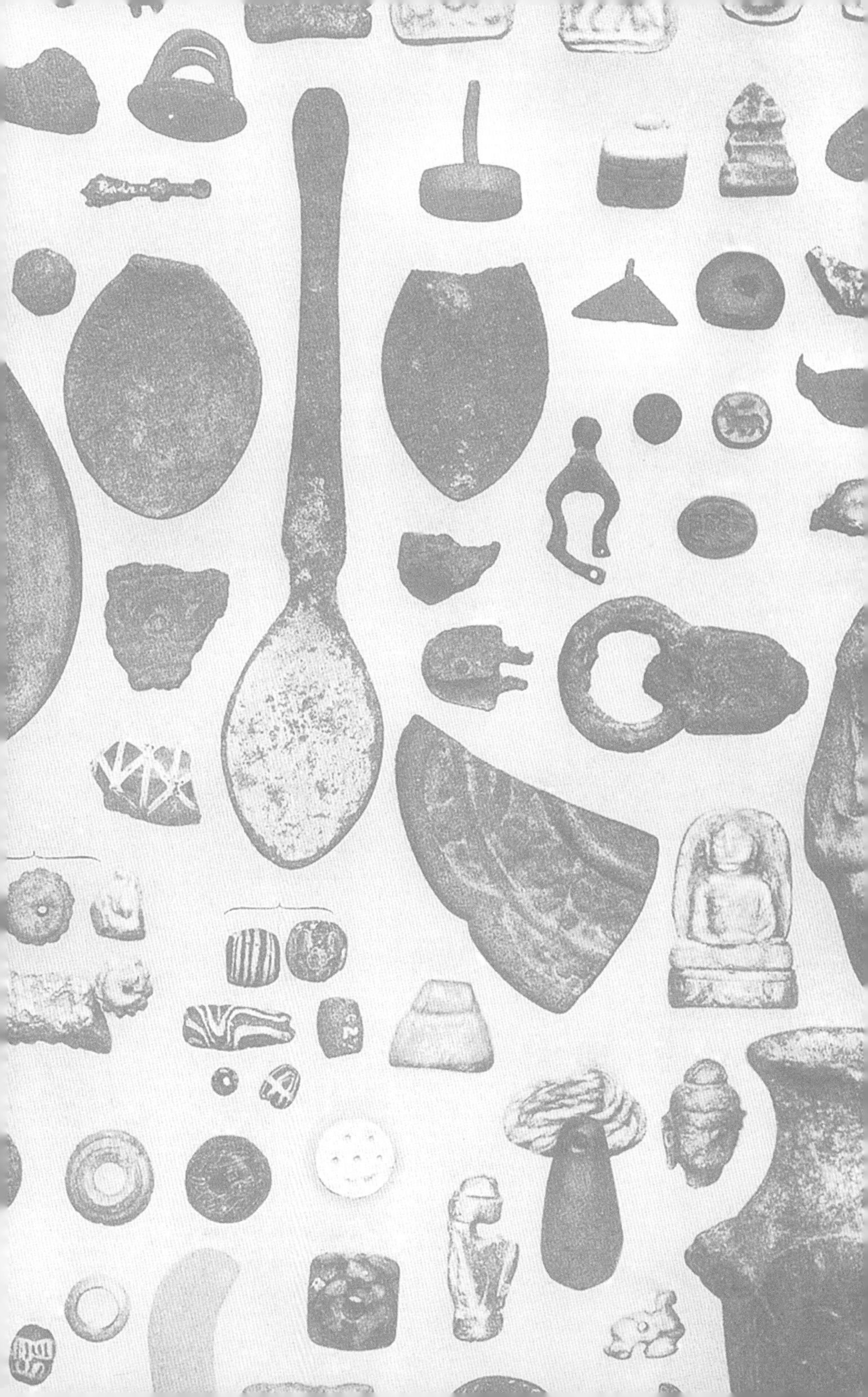

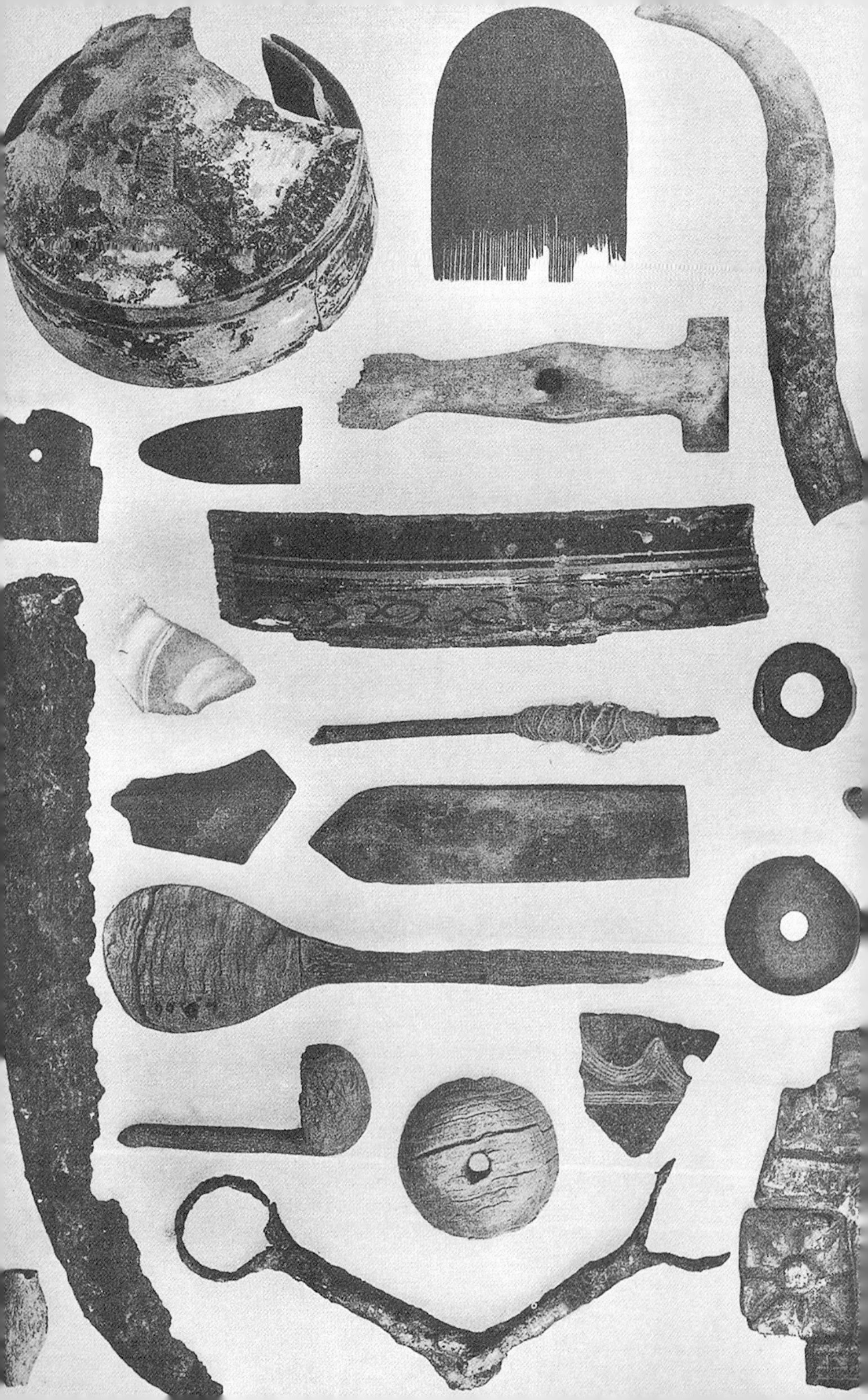

木器和金属器　出自米兰及楼兰遗址

石器　出自罗布荒漠风蚀地带

 金属器、黏土物品和玻璃器　出自楼兰遗址及罗布荒漠

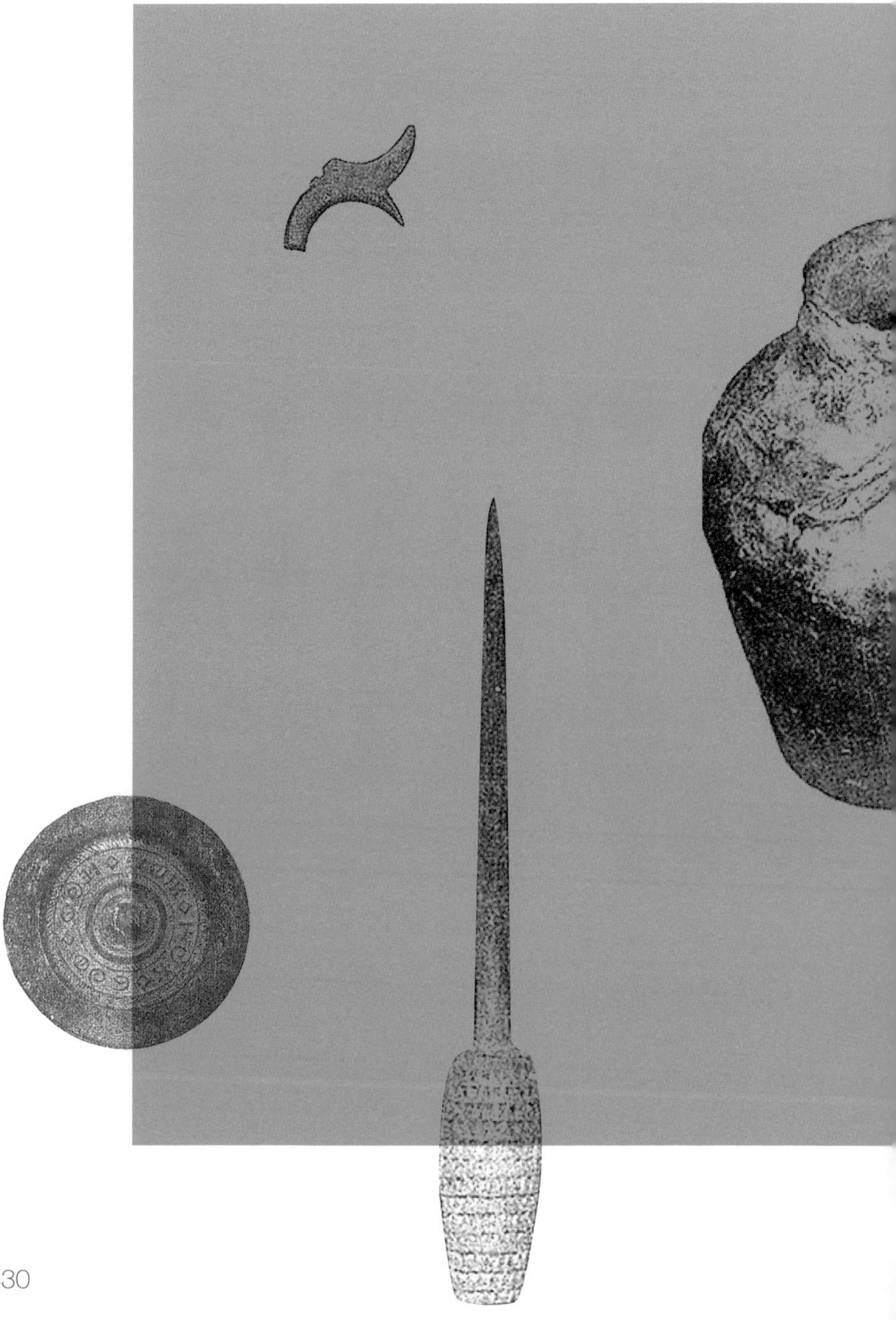

331　金属器、木器、石器、漆器、陶器　出自楼兰遗址及罗布荒漠

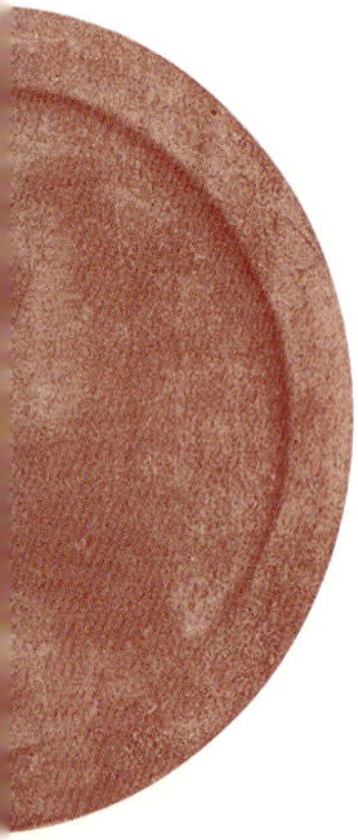

木器、陶器等　出自楼兰墓葬

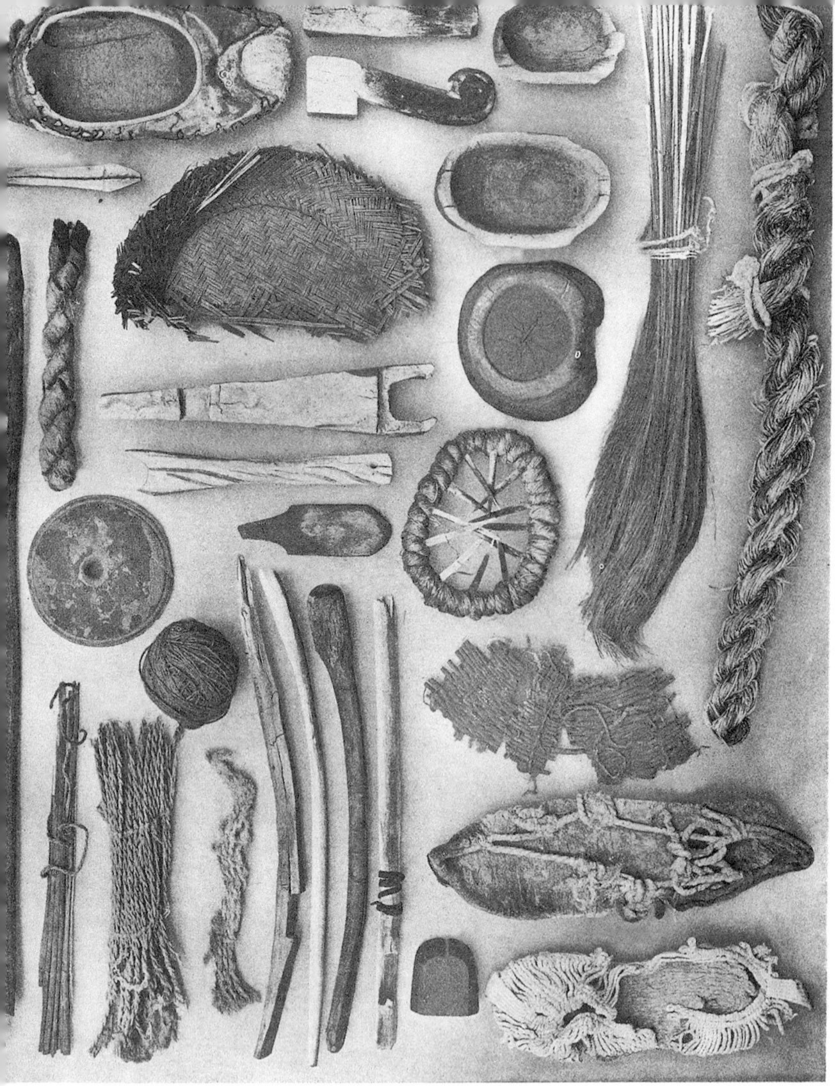

木器、草编物品、金属器和细绳等　出自汉长城烽燧

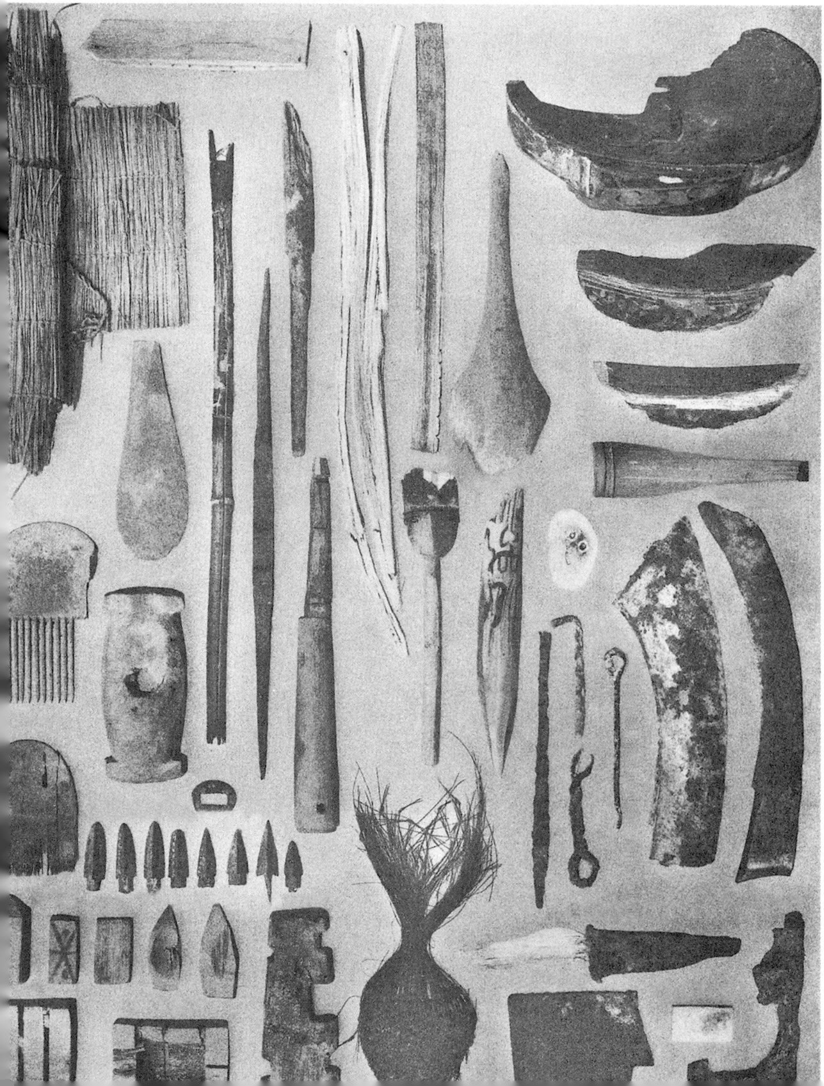

一万

 木器、金属器　出自哈喇浩特、额济纳河及吐鲁番等遗址

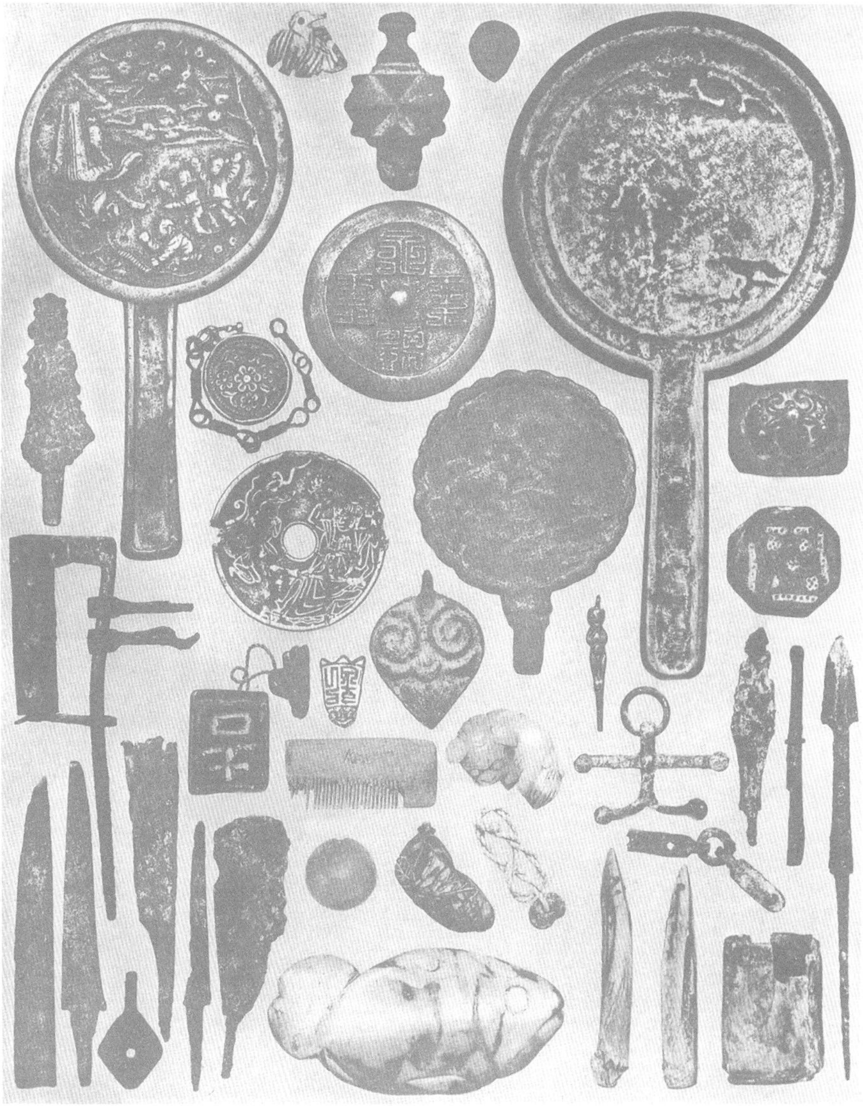

 金属器、石器等　出自喀拉霍加

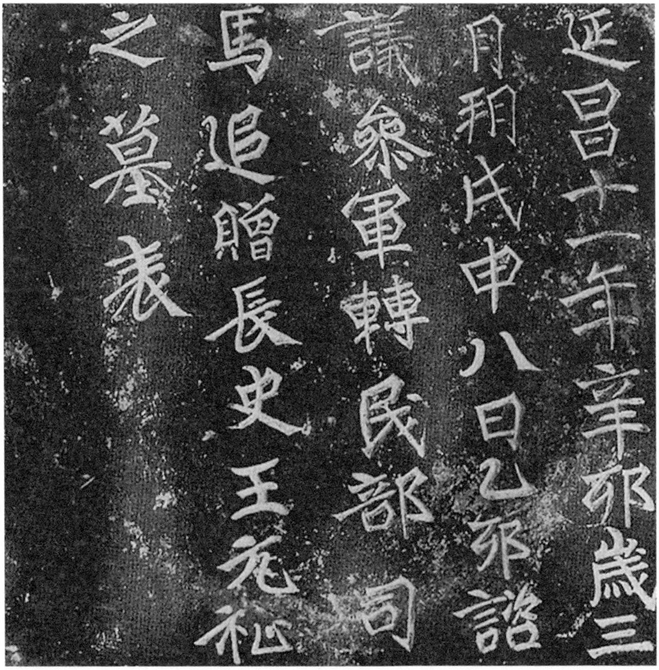
延昌十一年辛卯歲三
月朔戊申八日乙卯詔
議參軍轉民部司
馬追贈長史王元祉
之墓表

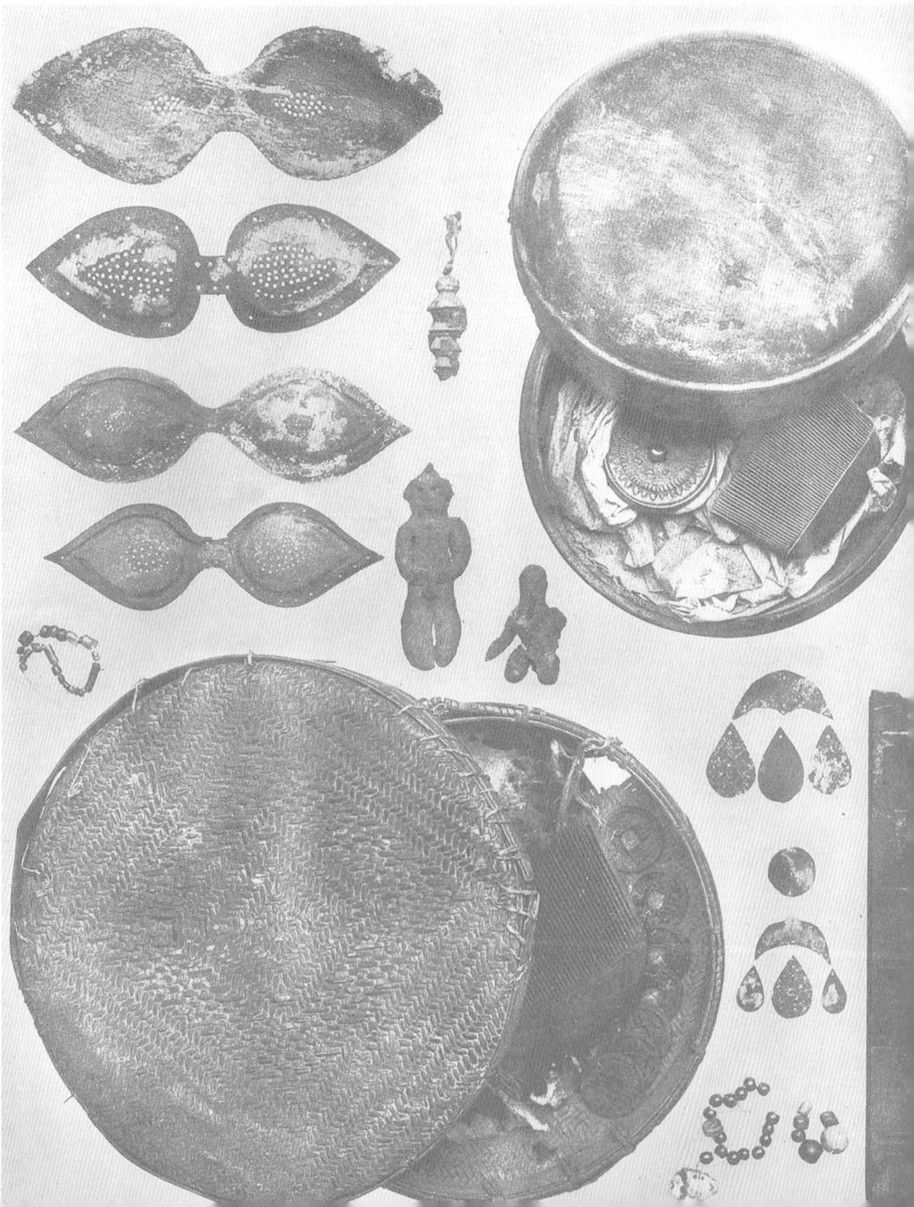

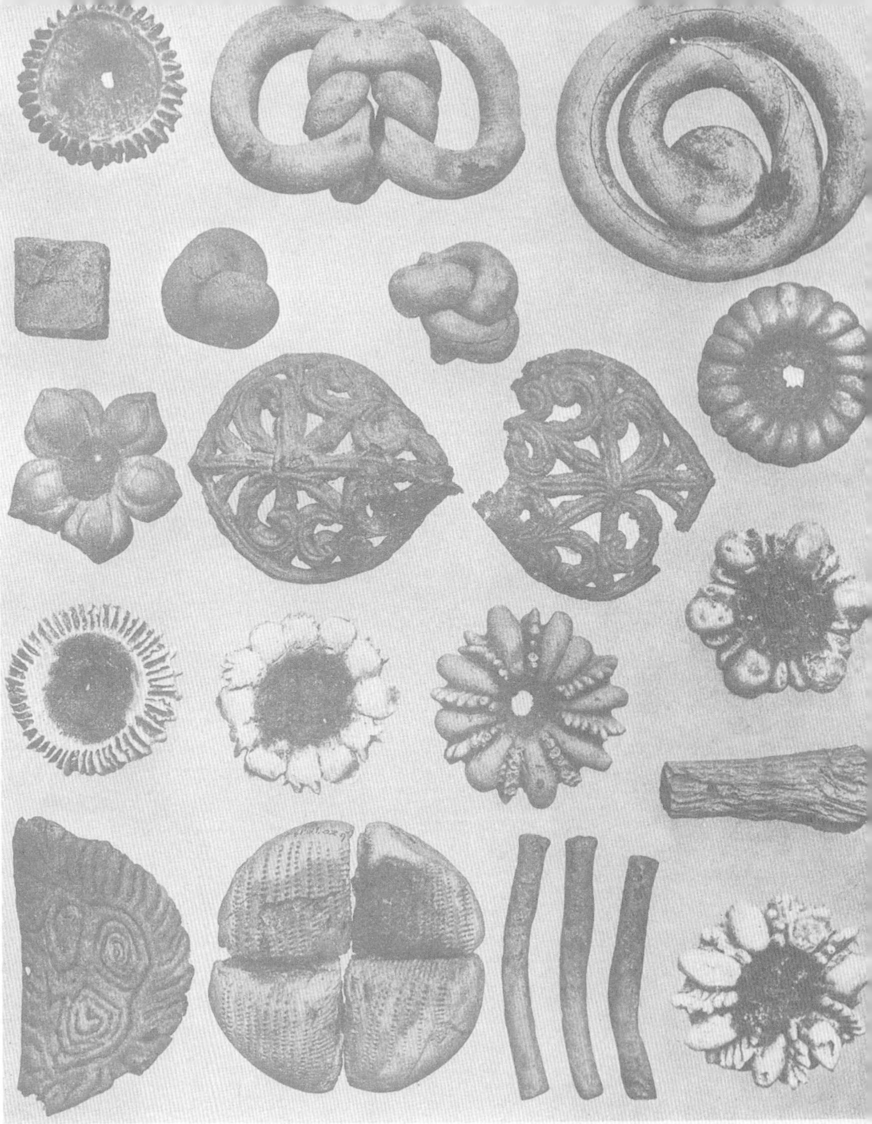

各种随葬品　出自阿斯塔那墓地

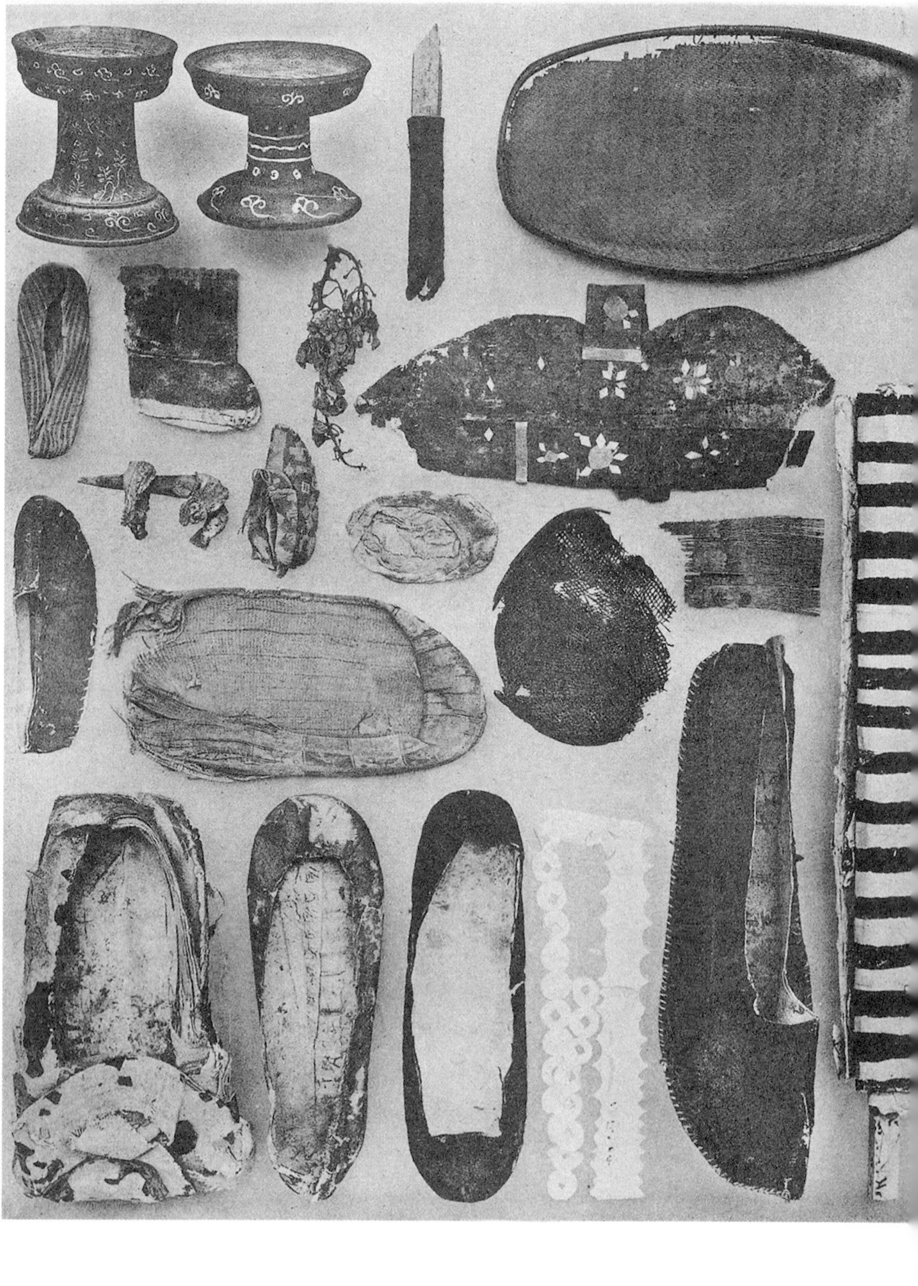

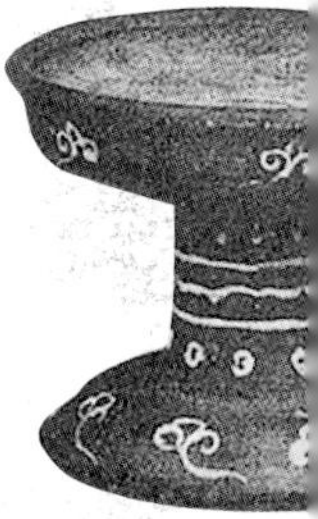

 用木、纸等材料制作的随葬品　出自阿斯塔那墓地

陶器　出自营盘

　印章、图记和小型金属器、石器、玻璃器等　主要出自库车

 有汉文印文和题识的尸布　出自阿斯塔那墓地

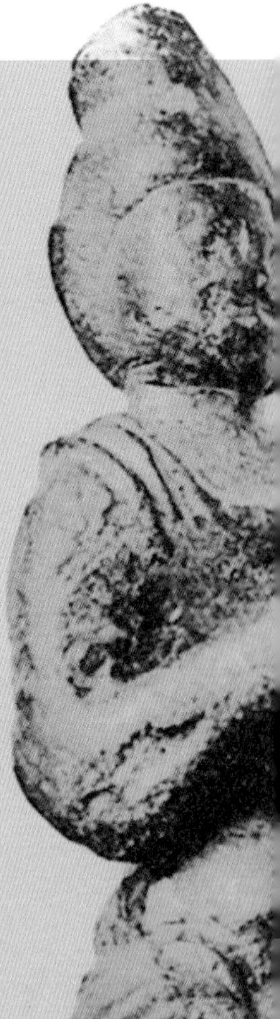

金属质物件　出自和田、南湖、吐鲁番及柯坪

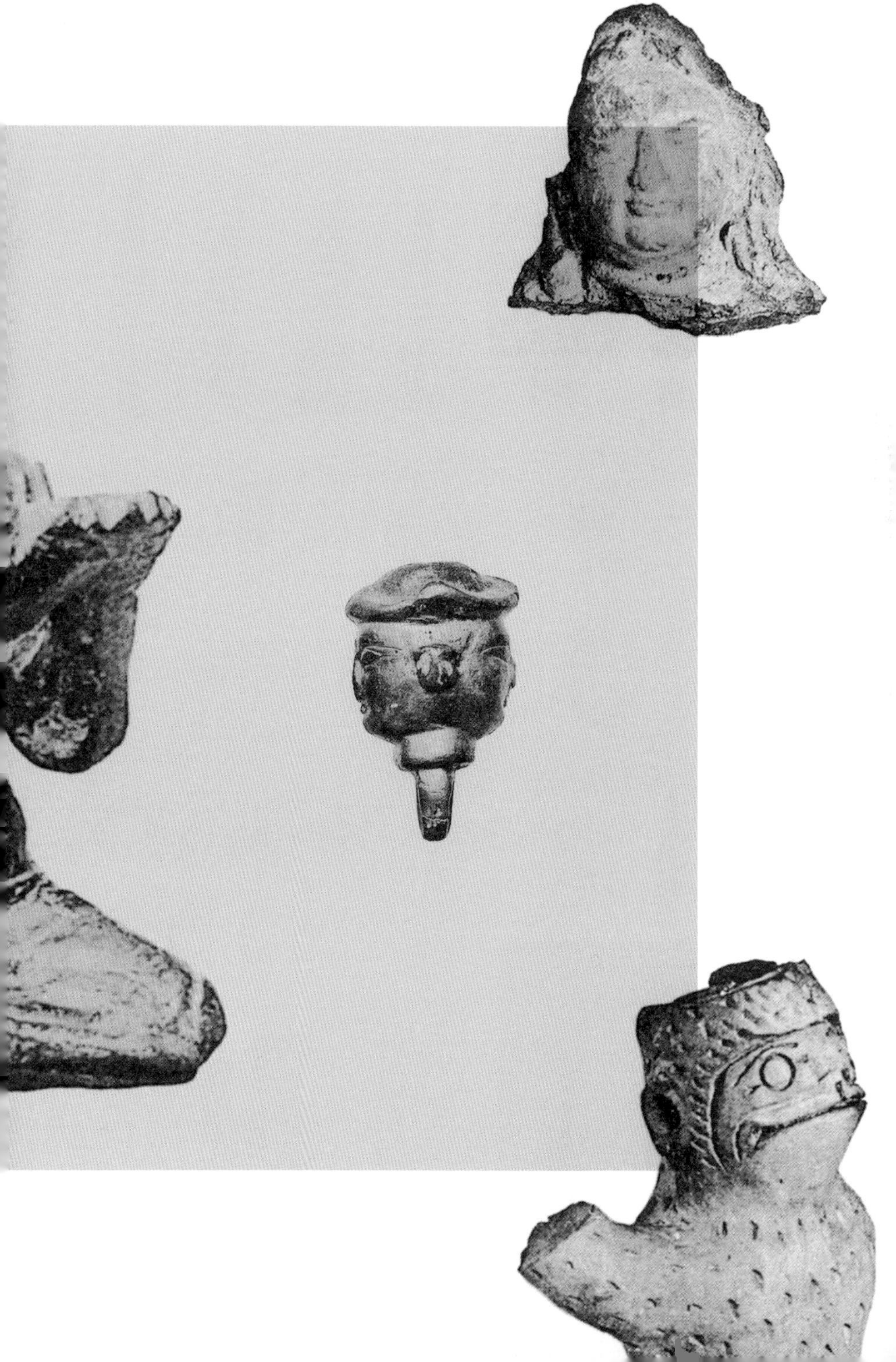

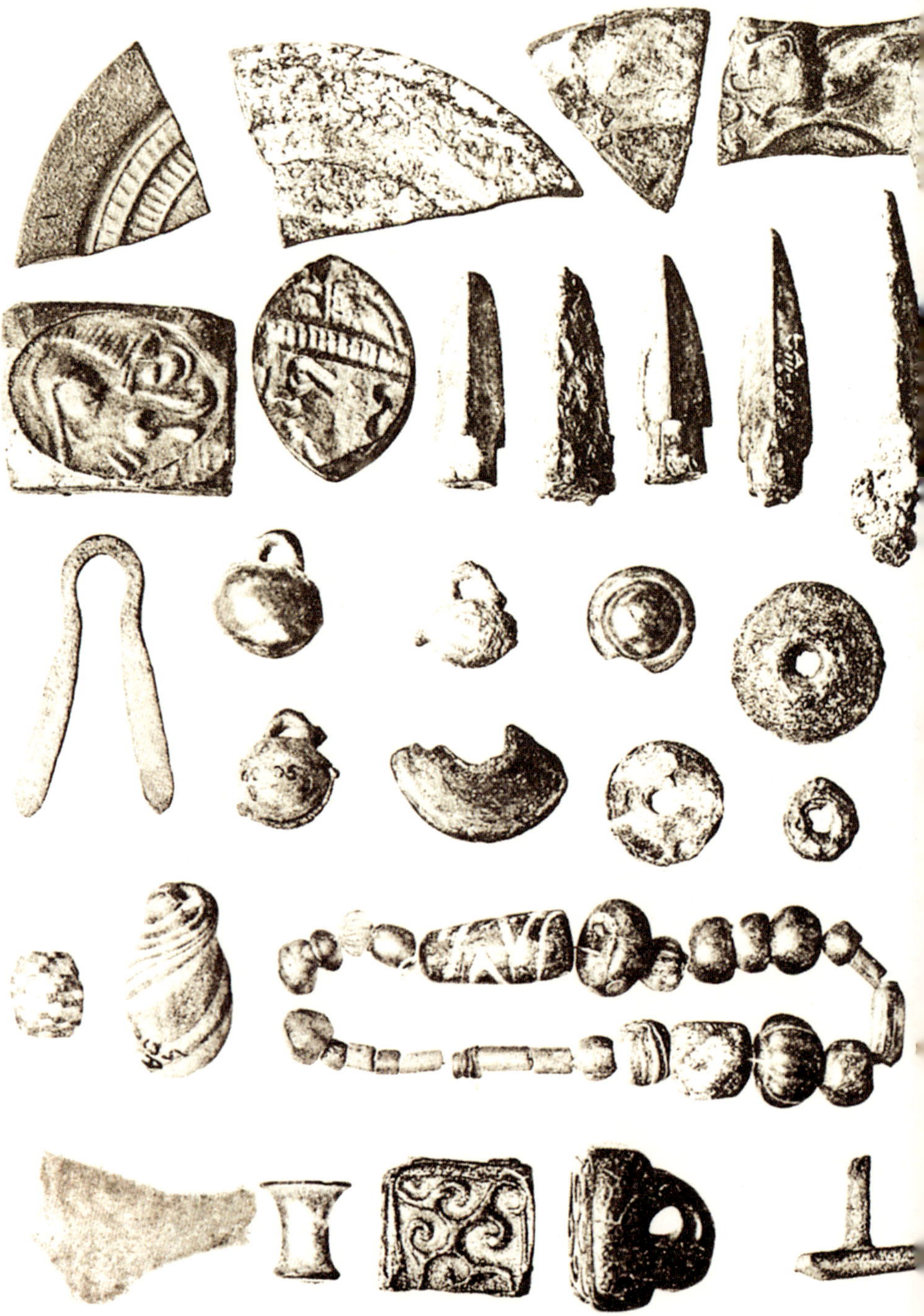

 印章和各种小型石器、金属器具、玻璃器具等　出自尼雅、安迪尔及楼兰遗址

各种金属器物、陶器、骨质器物　出自尼雅及楼兰遗址

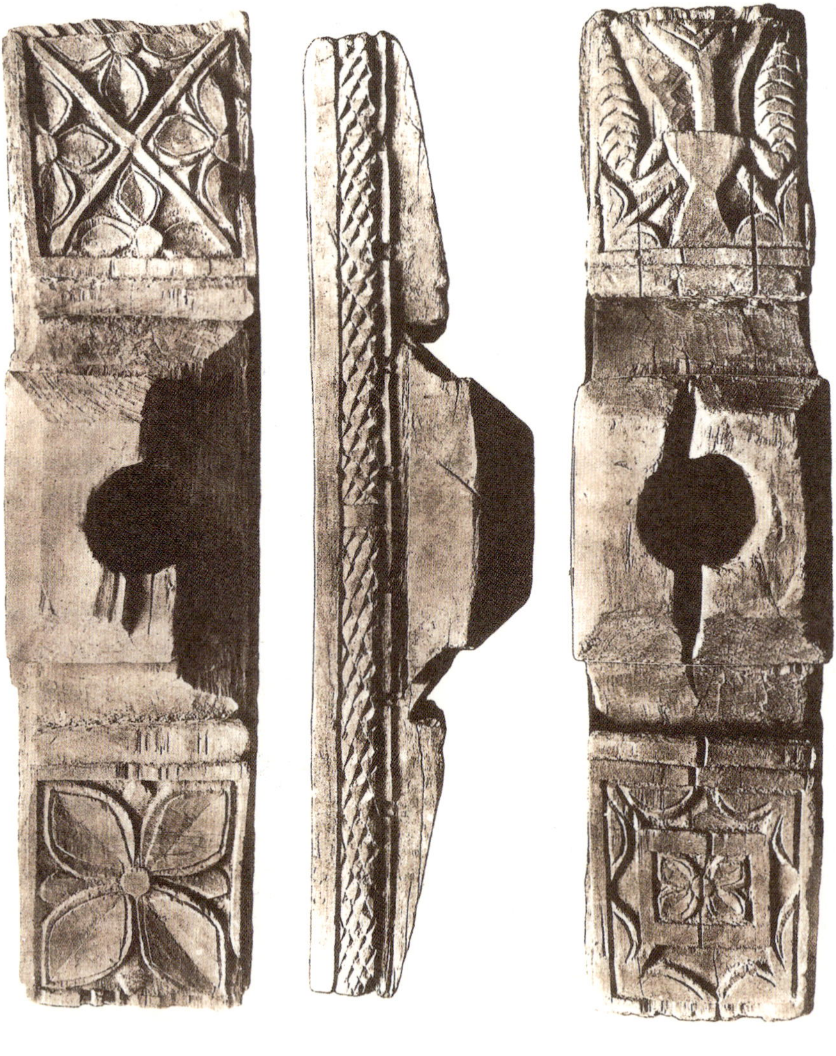

 木雕框架构件　出自尼雅居住遗址

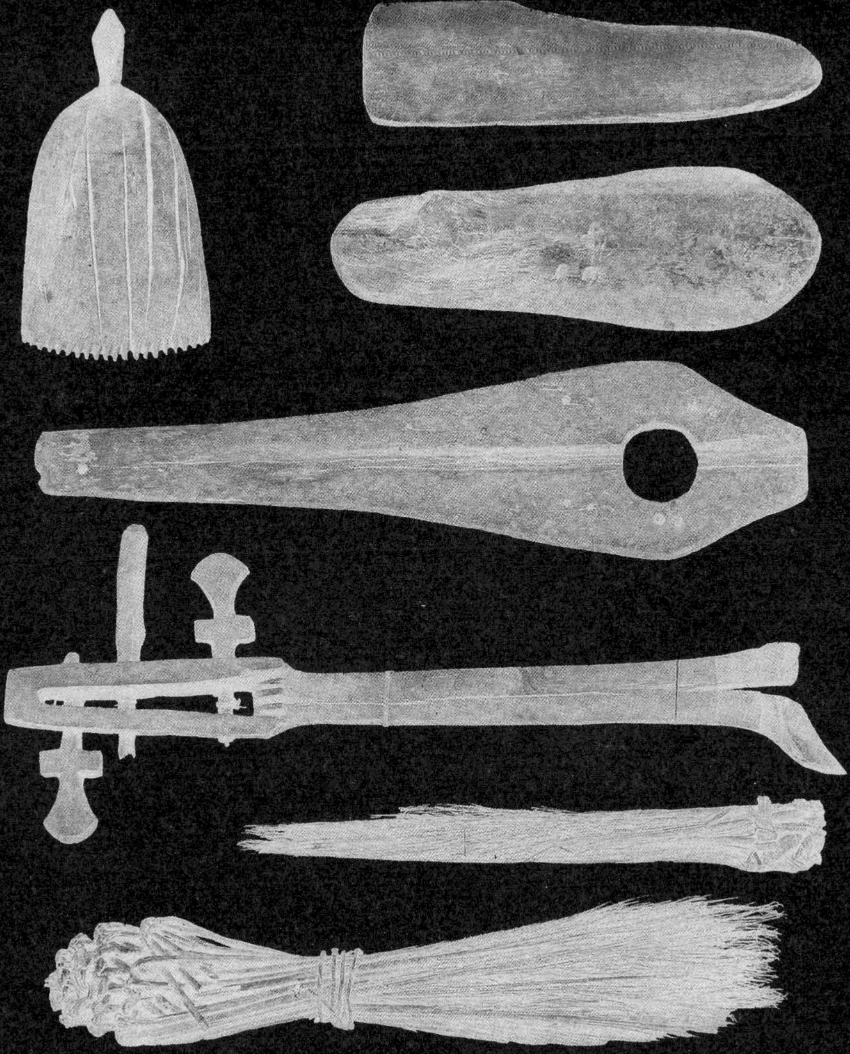

木器及其他器具　出自尼雅遗址

364　　灰泥浮雕残片　出自克格里克

红陶器物残片　出自约特干

איראר באישי אור רחּ א‬

מח ציש קר רוע בי ש‬

אגפא צי רפי ופא ואר‬

רמי ואאין אעי מרא ד‬

תתלי פרני גאורוגי‬

יש מגאף אי‬

ן ולא רח נ‬

זור שלח מכנ‬

גוד אט ושא‬

רוי יבא אב‬

שהר פ‬

פיצח חסת‬

גום יקי קא‬

ן וט שביל‬

א צרידן הַי‬

ן יבו שמ‬

אן עמר חס‬

אי מן יא וע‬

וכתי ובכר רב‬

אסעי בוון מן‬

יז אערוח מא פ‬

גומפע יוֹח דרוֹפ‬

גזיך יבאבז‬

ירא יצמכוי יחד‬

וחי וענר צושת‬

אב ערבין יקו‬

אעוריך אי סי‬

יר אואן אופטר‬

גום ותא יקר רח בט‬

חשום רא בחמות בי‬

ריטמיוט יוין קופתי‬

יטתאיר פימ ייכרט‬

יי יקו עא‬

יספנו חאי ע‬

יא אם סל‬

רבי ורטא‬

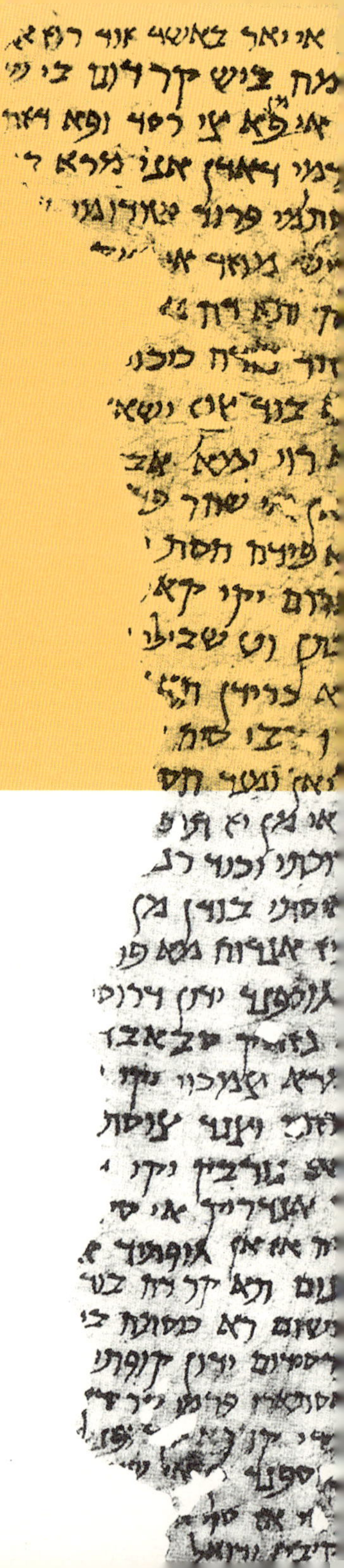

יציד
[...]ריה וביס
[...]ר קא צי
[...] אלסר יש
יצרין כרי ותא כל אב
[...]א כוס ותרא מזיר דוו
[...]דור בי נפתאו ותא ת
[...]פער בי בור ומזחתי כר
[...]ומאני יצי קס אא ושאן
[...] צמח אי פרחכוה בוראב
[...]ובמה בור קא נא בור כ מ
[...] יוה פתזקן או כראאט נוצח ב
[...]צן אנו מן פא ותו ומנ
[...]סור נואן איבן ביד
[...]יון גופמאלר אב שנא
[...] איון אור
[...]רם נם
[...]ונראאא
[...]קן כנל כרויו נכ
[...]אאר מענא סער צב
[...]דו רתו אם שמר שאנו ד
[...]סתופרי ען אויר בור וסו
[...]לדר יצן סוד עלהר וק נ
[...]רא סבאבר ורן קלהיר
[...]ובכוי אארי נן קצוך דא
[...]בוך בענרום נא בעבד ארונ
[...]ר רלוד ותא צגירו רא כ ב
[...]וו נאמר יש נא ומקם בני
[...]לאאר או פרמיעו אג
[...]ושומה יצי אטרוה נאומל
[...] סג אי ל ושוק רובת
[...]אא פרפן לכור אם אן ס
[...]ד ר נואון ושנא כ
[...]בה ח אי אן פשי
[...]רתר בלחן צ
[...]אמר ה

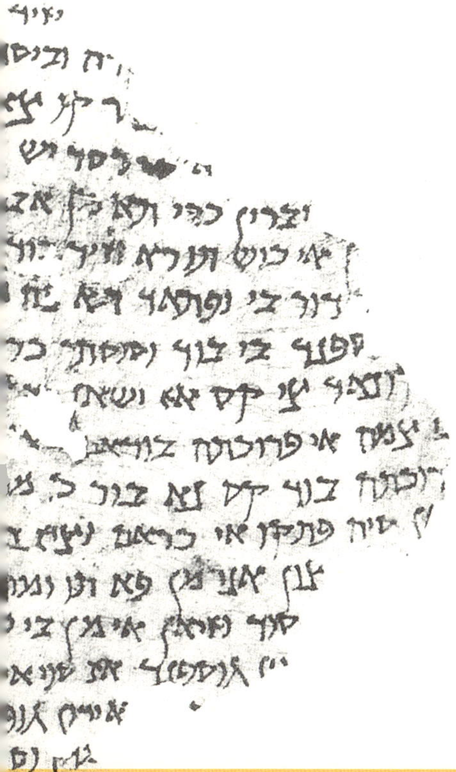

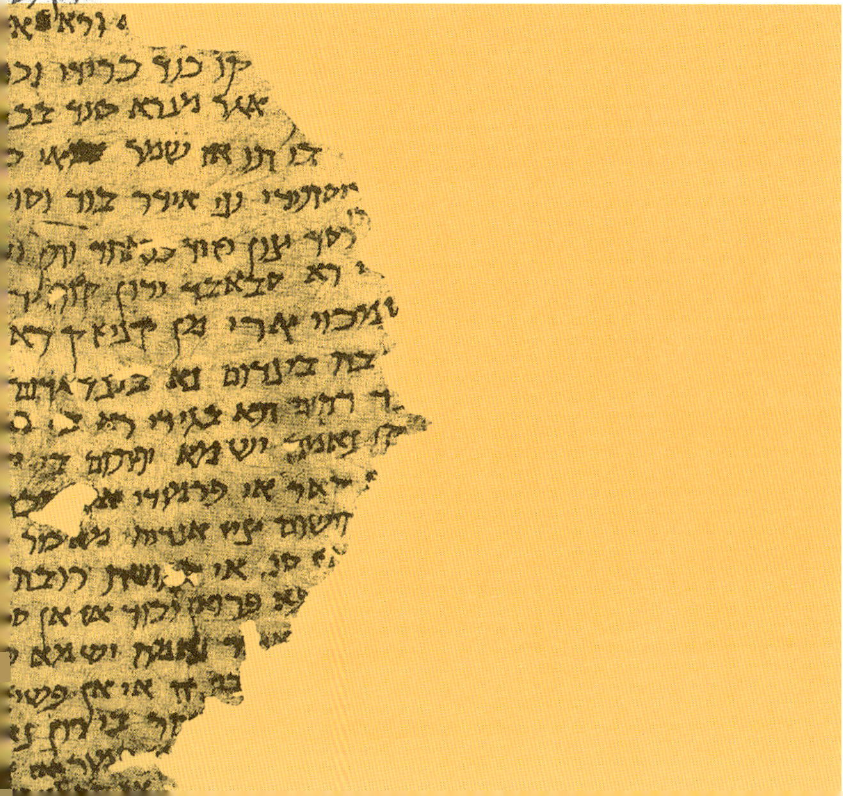

遗址平面图

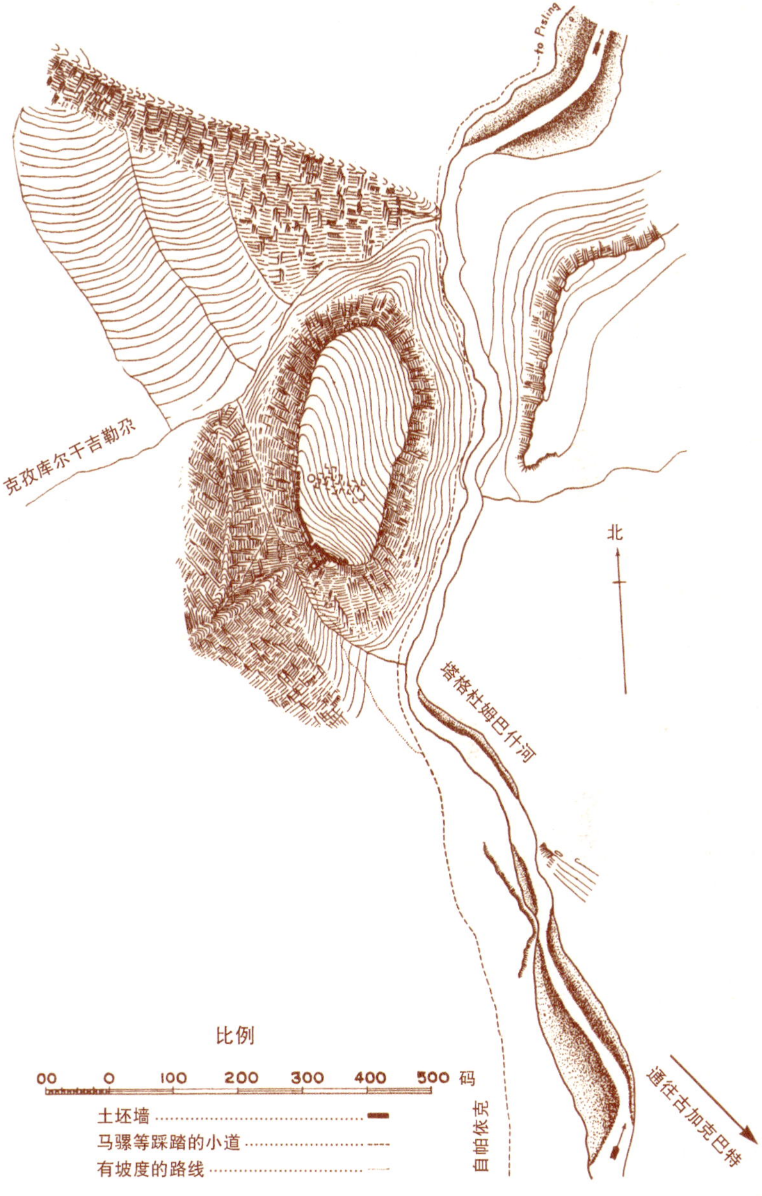
to Pisling
克孜库尔干吉勒尕
北
塔格杜姆巴什河
比例
00 0 100 200 300 400 500 码
土坯墙
马骡等踩踏的小道
有坡度的路线
自帕依克
通往古加克巴特

奥雷尔·斯坦因和R.S. 拉姆·辛格绘

 克孜库尔干遗址遗址平面图

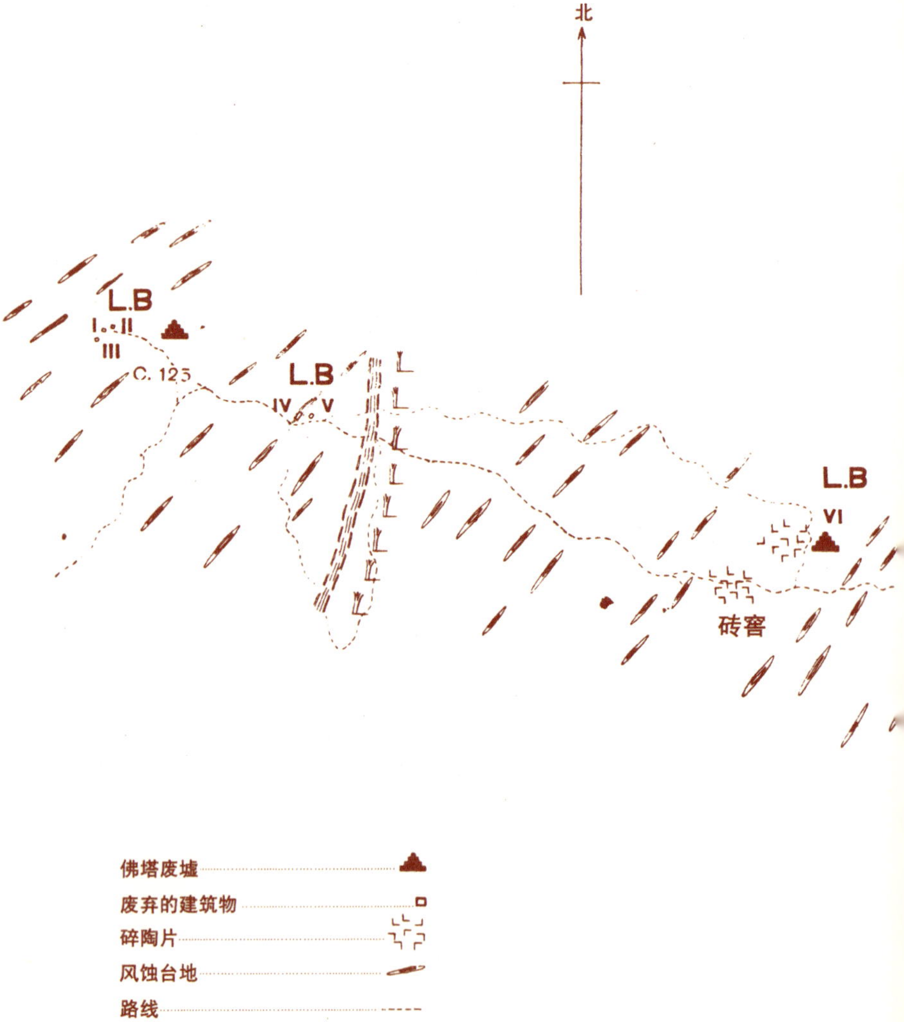
北
L.B
I
II
III
C. 125
L.B
IV
V
L.B
VI
砖窖
佛塔废墟
废弃的建筑物
碎陶片
风蚀台地
路线

奥雷尔·斯坦因和R.S.拉姆·辛格绘

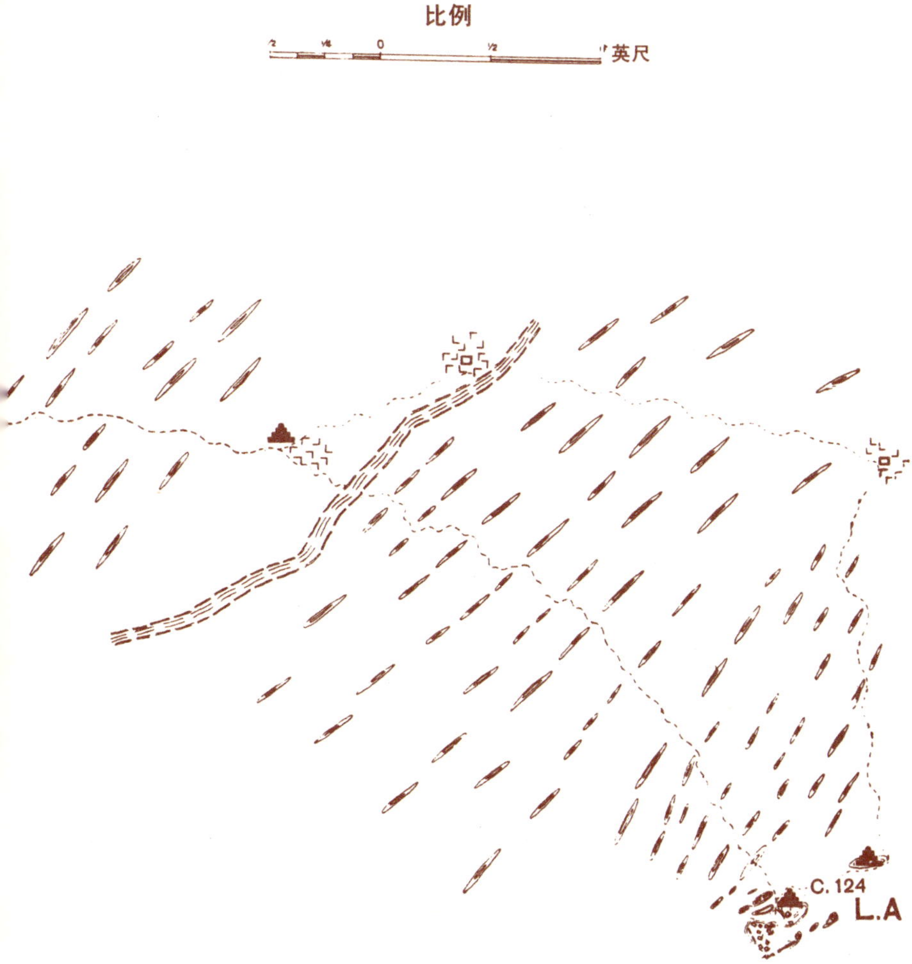
比例
0
英尺
C. 124
L.A

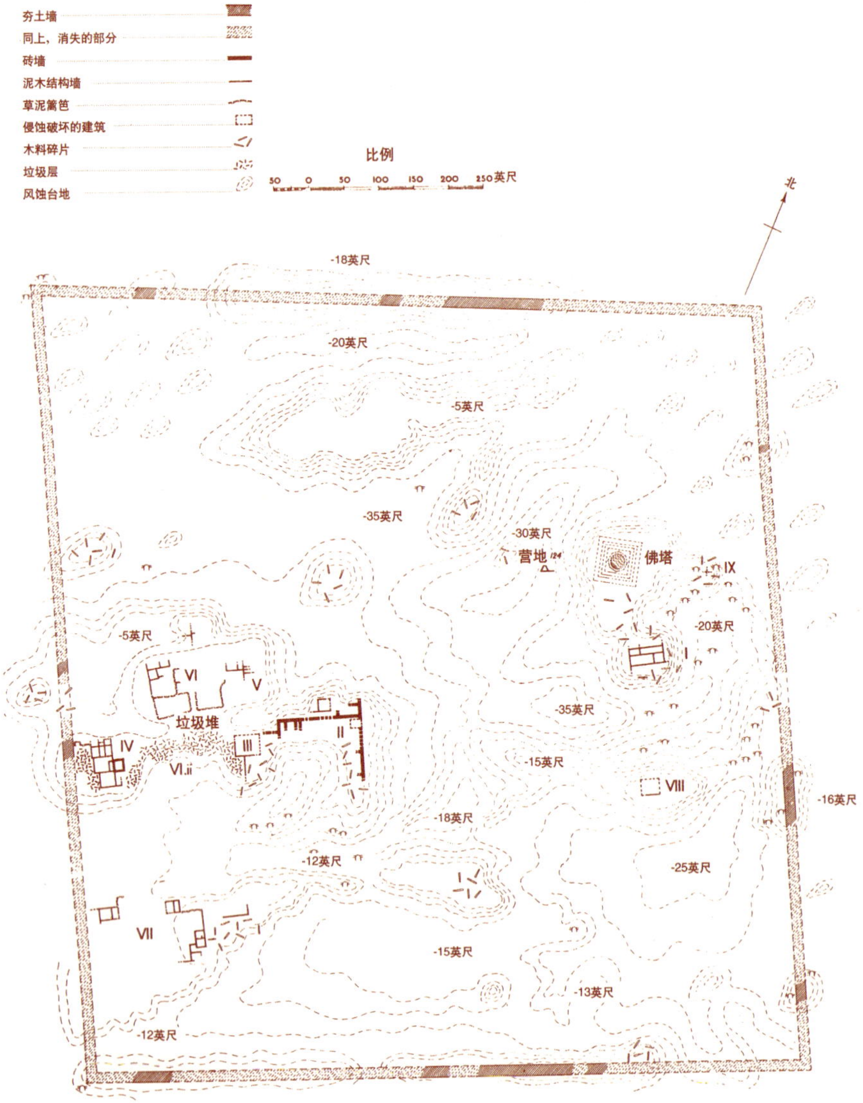
夯土墙
同上，消失的部分
砖墙
泥木结构墙
草泥篱笆
侵蚀破坏的建筑
木料碎片
垃圾层
风蚀台地
比例
50 0 50 100 150 200 250英尺
北
-18英尺
-20英尺
-5英尺
-35英尺
-30英尺
营地
佛塔
IX
-20英尺
I
-5英尺
VI
V
垃圾堆
II
III
IV
VI.ii
-35英尺
-15英尺
VIII
-16英尺
-18英尺
-12英尺
-25英尺
VII
-15英尺
-13英尺
-12英尺

奥雷尔·斯坦因和阿夫拉兹古尔汗绘

楼兰遗址 L.A 古驿站遗迹平面图

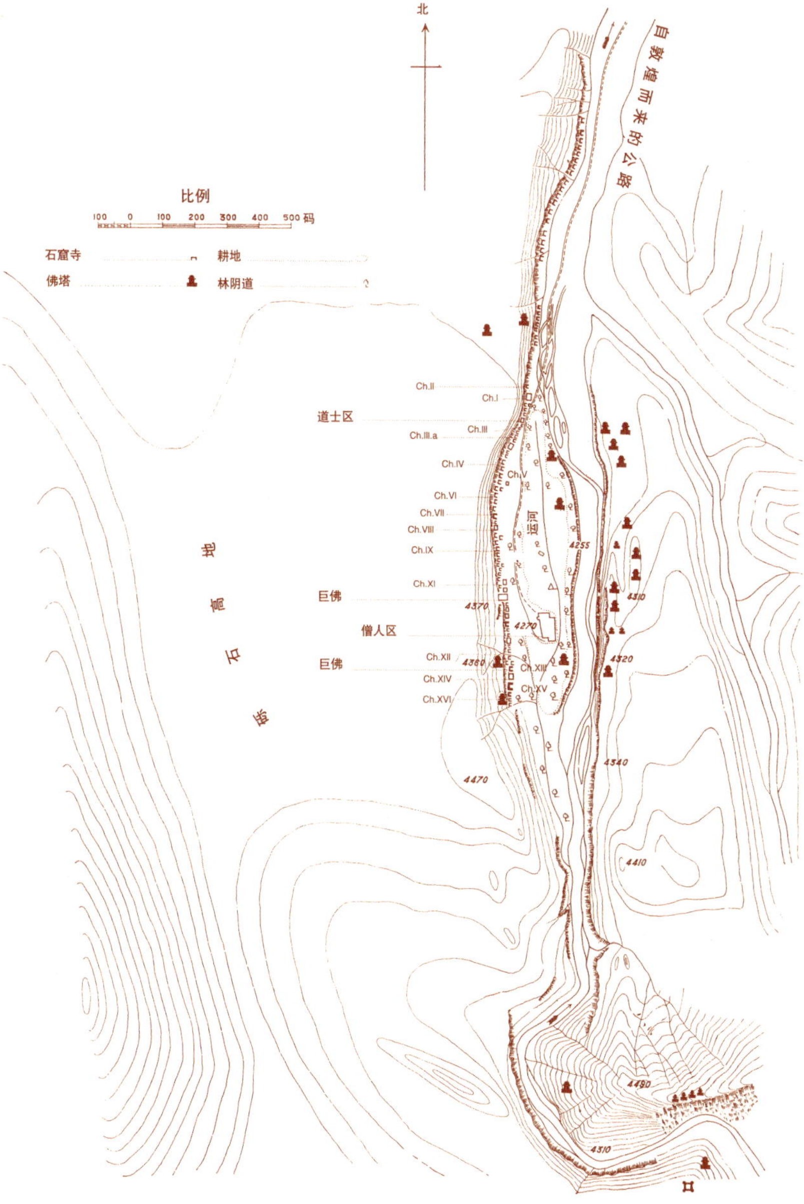
北
比例
100 0 100 200 300 400 500 码
石窟寺
耕地
佛塔
林阴道
自敦煌而来的公路
Ch.II
Ch.I
道士区
Ch.III.a
Ch.III
Ch.IV
Ch.V
Ch.VI
Ch.VII
Ch.VIII
Ch.IX
运河
4255
Ch.XI
巨佛
4370
4310
僧人区
4270
巨佛
Ch.XII
4360
Ch.XIII
4320
Ch.XIV
Ch.XV
Ch.XVI
4340
4470
4410
4490
4310

奥雷尔·斯坦因和R.S.拉姆·辛格绘

 敦煌千佛洞石窟遗址平面图

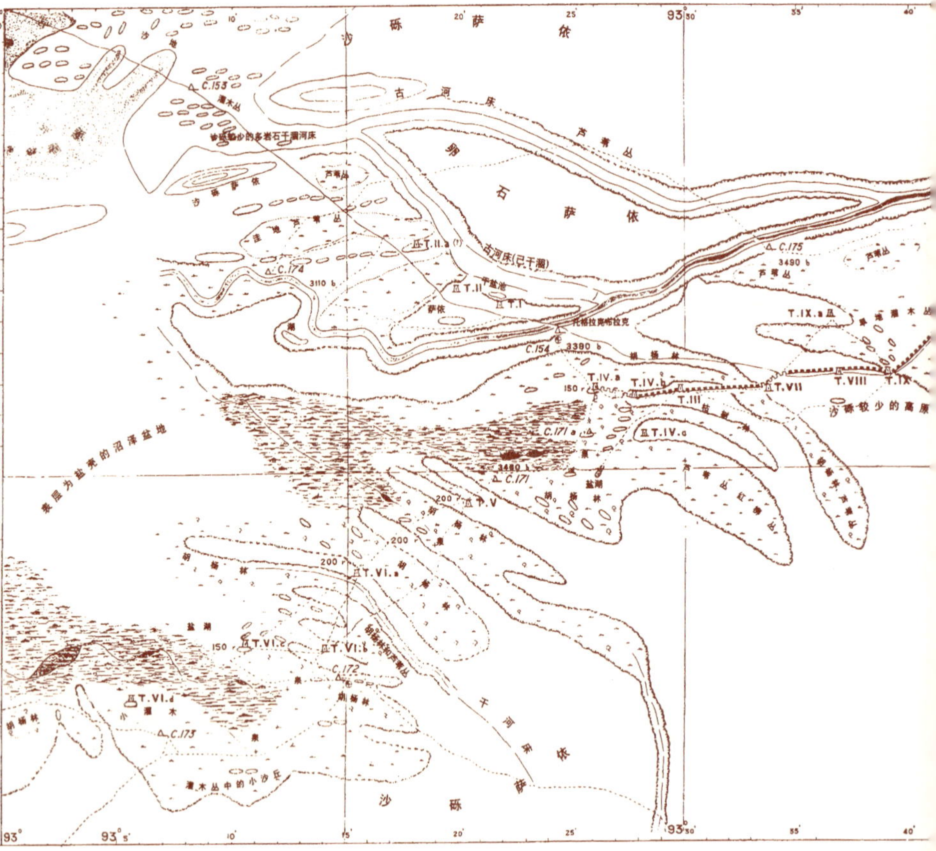

沙 砾 萨 依
古 河 床
芦 苇 丛
卵 石 萨 依
古河床(已干涸)
干盐池
托格拉克布拉克
胡 杨 林
沙 砾 萨 依
灌木丛
芦苇丛
洼 地 芦 苇 丛
萨依
表层为盐壳的沼泽盐地
沙 砾 较 少 的 高 原
盐湖
胡 杨 林
干 河 床
萨 依
沙 砾
灌 木 丛 中 的 小 沙 丘
小 灌 木
C.153
C.174
C.175
C.154
C.171 a
C.171
C.172
C.173
T.II.a
T.II
T.I
T.IV.a
T.IV.b
T.III
T.IV.a
T.VII
T.VIII
T.IX
T.IX.a
T.V
T.VI.a
T.VI.b
T.VI.c
T.VI.d
3110 b
3390 b
3490 b
3480 b
40° 30'
25'
20'
15'
10'
40° 5'
93°
93° 5'
10'
15'
20'
25'
93° 30'
35'
40'

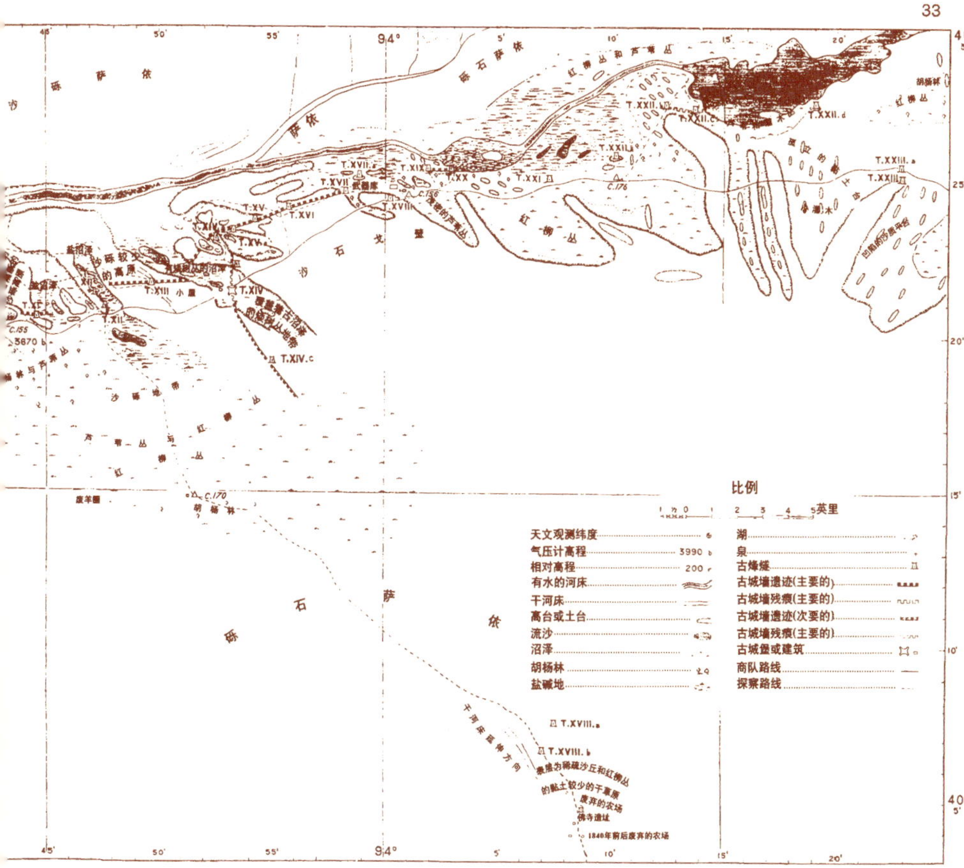
33
比例
英里
天文观测纬度
气压计高程
相对高程
有水的河床
干河床
高台或土台
流沙
沼泽
胡杨林
盐碱地
湖
泉
古烽燧
古城墙遗迹(主要的)
古城墙残痕(主要的)
古城墙遗迹(次要的)
古城墙残痕(主要的)
古城堡或建筑
商队路线
探察路线
砾石萨依
沙石戈壁
红柳丛
1840年前后废弃的农场
佛寺遗址
废弃的农场

奥雷尔·斯坦因和R.S.拉姆·辛格勘测绘制

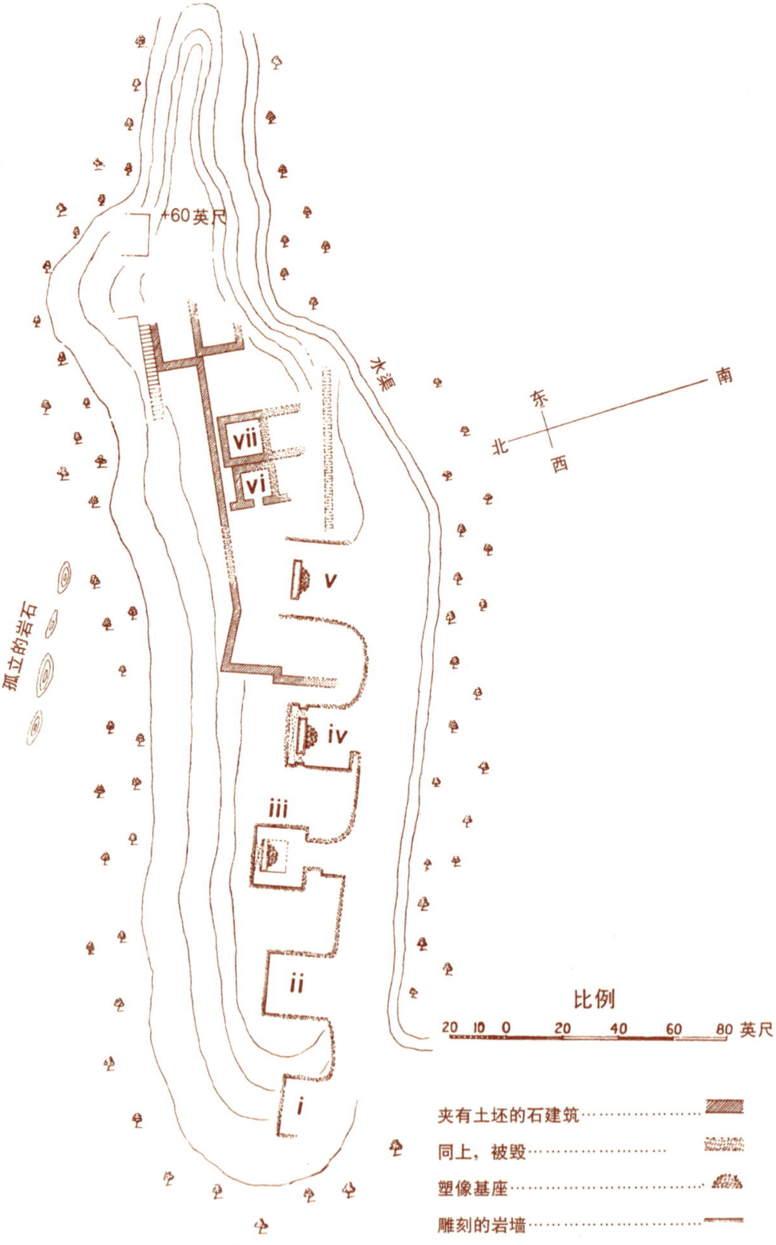
+60英尺
水渠
南
东
北
西
vii
vi
v
孤立的岩石
iv
iii
ii
i
比例
20 10 0 20 40 60 80 英尺
夹有土坯的石建筑
同上，被毁
塑像基座
雕刻的岩墙

奥雷尔·斯坦因和奈克·拉姆·辛格绘

 哈密阿拉塔木佛殿 A.III 平面图

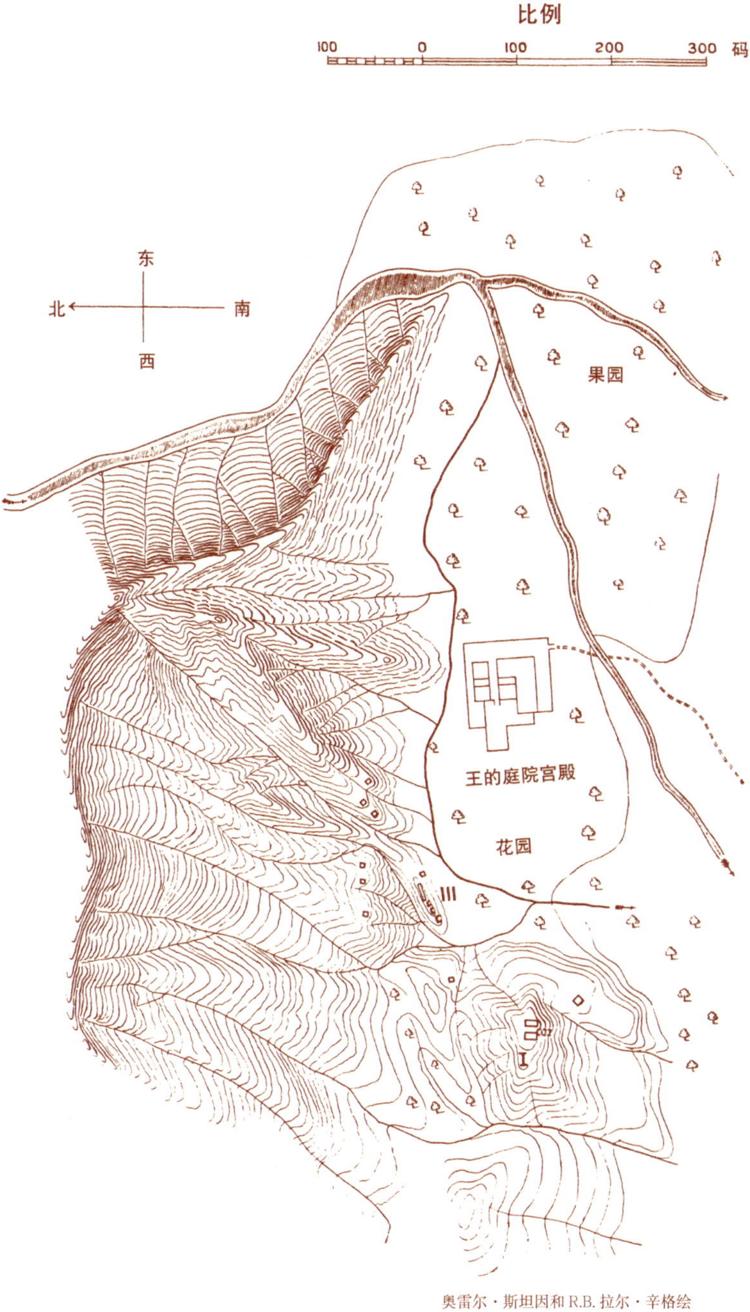
比例
100
0
100
200
300
码
东
北
南
西
果园
王的庭院宫殿
花园
III
I
奥雷尔·斯坦因和R.B.拉尔·辛格绘

 哈密阿拉塔木佛殿群平面图

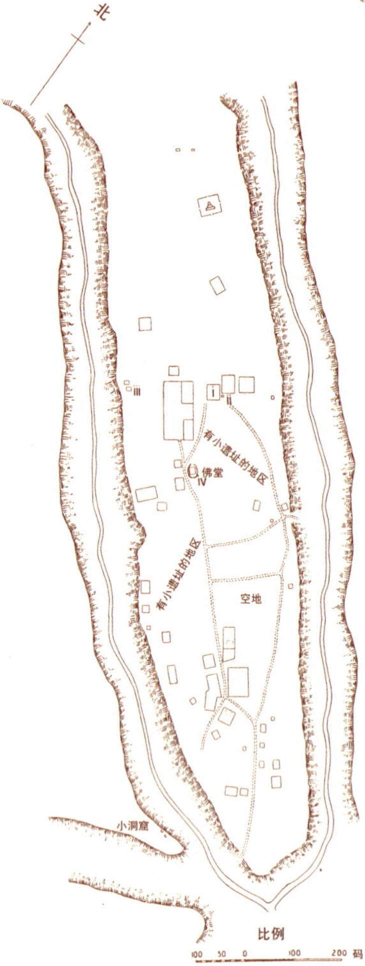
北
III
I
II
有小遗址的地区
佛堂
IV
有小遗址的地区
空地
小洞窟
比例
100 50 0 100 200 码

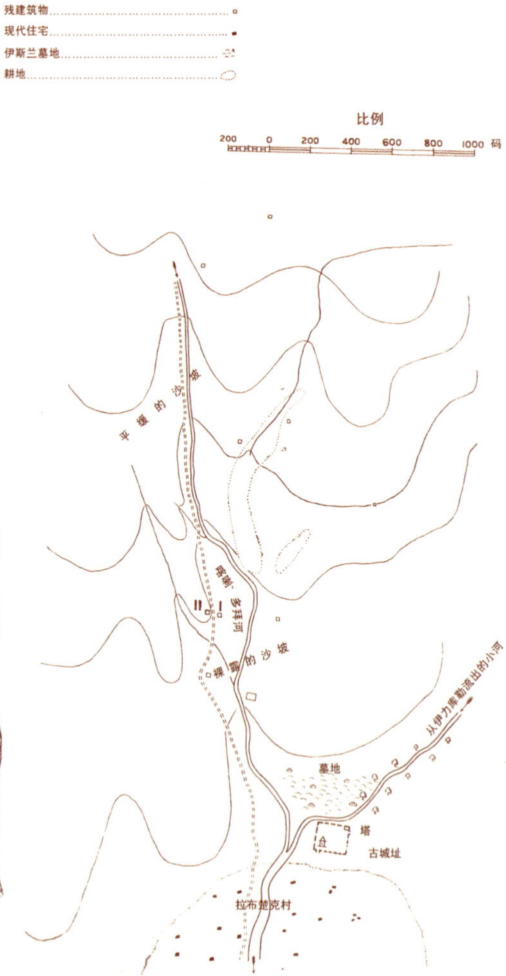
残建筑物
现代住宅
伊斯兰墓地
耕地
比例
200 0 200 400 600 800 1000 码
平缓的沙坡
喀喇·多拜河
II
I
裸露的沙坡
从伊力库勒流出的小河
墓地
塔
古城址
拉布楚克村

奥雷尔·斯坦因和 R.B. 拉尔·辛格绘

 吐鲁番交河古城平面略图　　拉布楚克附近的遗址平面略图

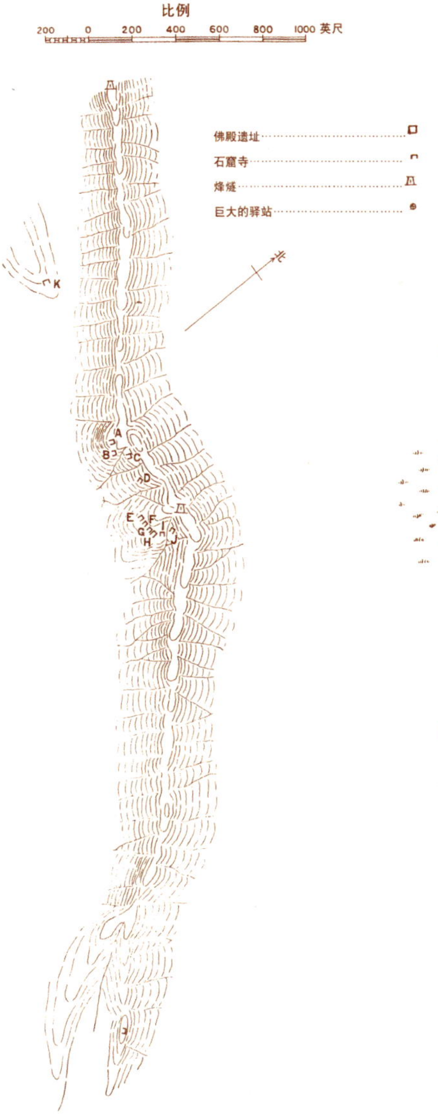

奥雷尔·斯坦因和 R.B. 拉尔·辛格绘

明屋遗址北部石窟平面图

焉耆七个星明屋遗址平面图

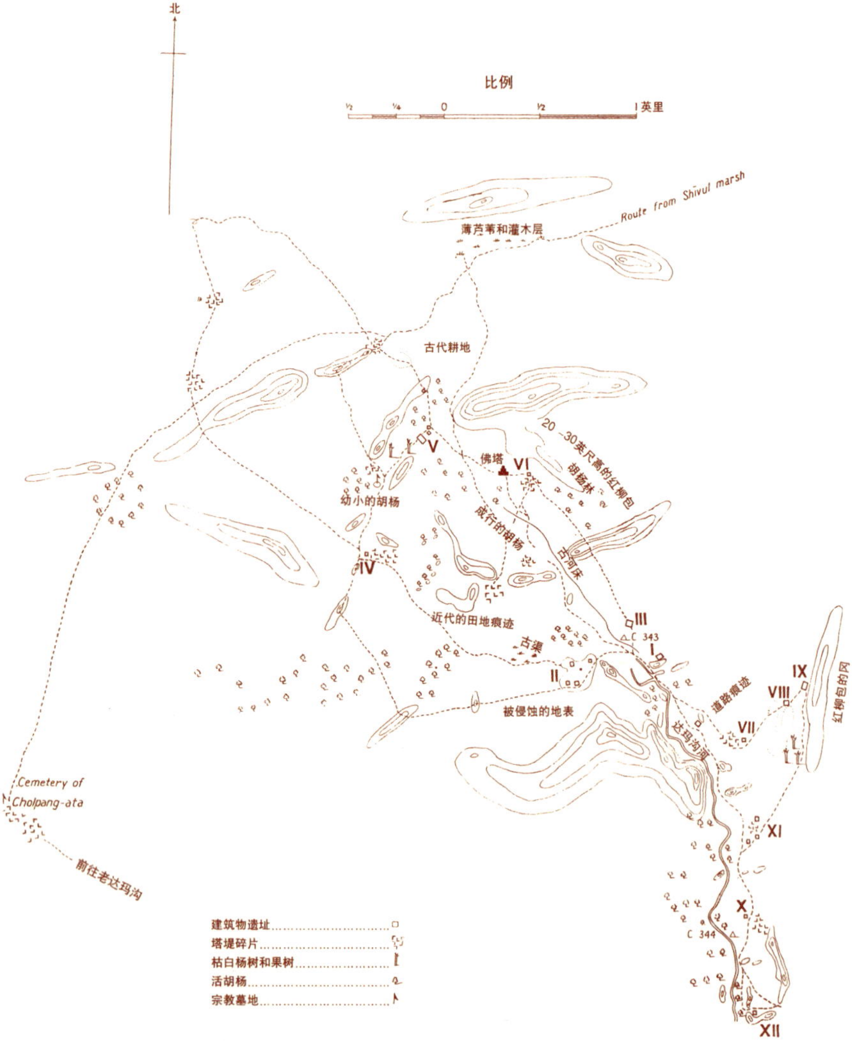
北
比例
½ ¼ 0 ½ 1英里
Route from Shivul marsh
薄芦苇和灌木层
古代耕地
20 -30英尺高的红柳包
胡杨林
佛塔
V
VI
幼小的胡杨
成行的胡杨
古河床
IV
近代的田地痕迹
古渠
III
C 343
I
II
被侵蚀的地表
道路痕迹
达玛沟河
VII
VIII
IX
红柳包的冈
XI
X
C 344
XII
Cemetery of
Cholpang-ata
前往老达玛沟
建筑物遗址
塔堤碎片
枯白杨树和果树
活胡杨
宗教墓地

奥雷尔·斯坦因和R.B.拉尔·辛格绘

 达玛沟法哈特伯克亚依拉克古遗址平面图

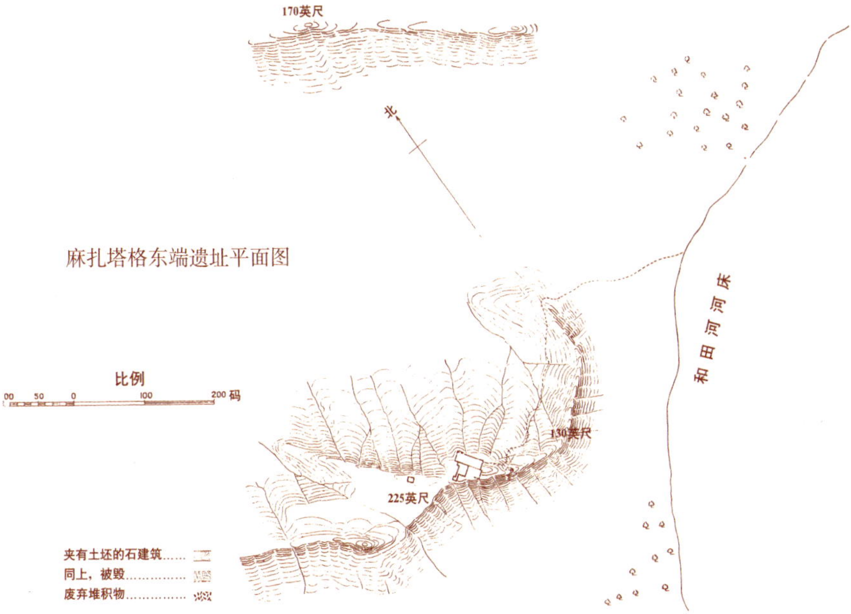
170英尺
北
比例
00 50 0 100 200 码
130英尺
225英尺
和田河河床
夹有土坯的石建筑……
同上，被毁……………
废弃堆积物……………

麻扎塔格东端遗址平面图

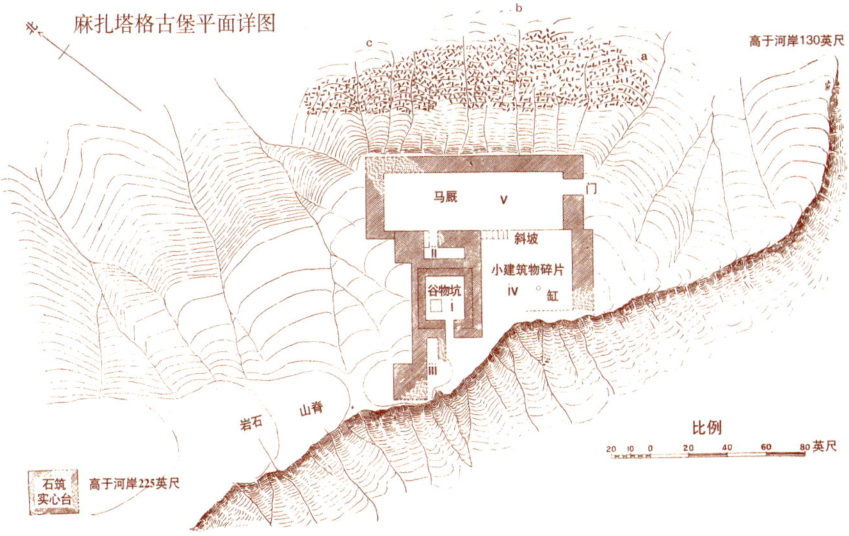
北
b
c
a
高于河岸130英尺
马厩 V
门
斜坡
ii
小建筑物碎片
谷物坑
i
iv
缸
iii
岩石
山脊
比例
20 10 0 20 40 60 80 英尺
石筑实心台
高于河岸225英尺

麻扎塔格古堡平面详图

奥雷尔·斯坦因和R.B.拉尔·辛格绘

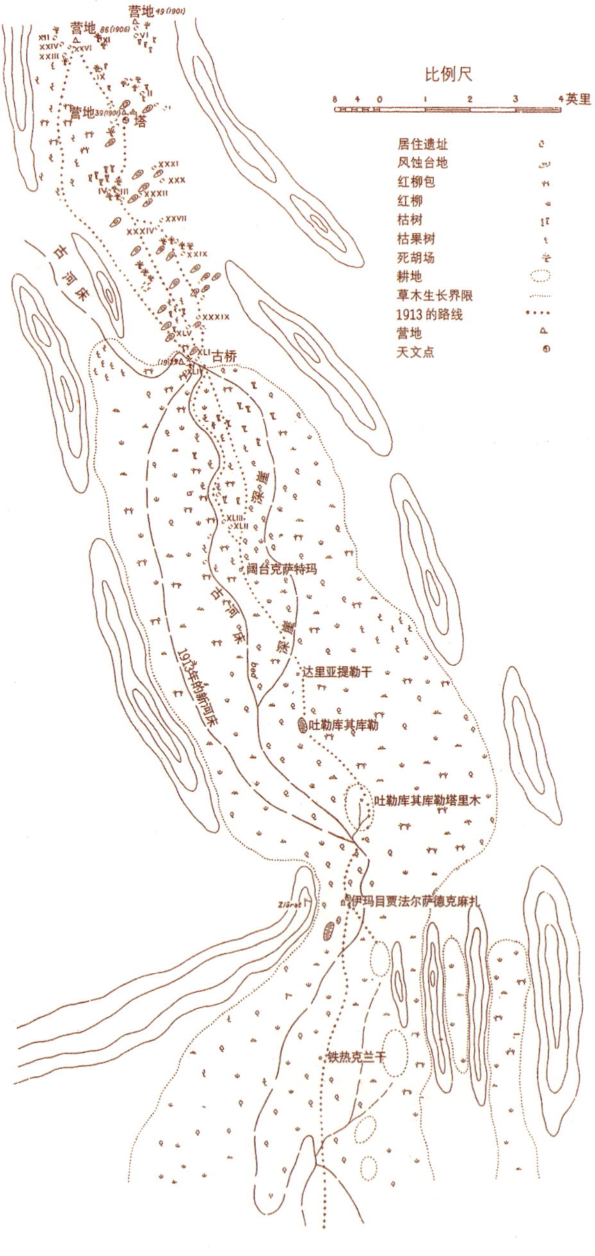
比例尺
英里
居住遗址
风蚀台地
红柳包
红柳
枯树
枯果树
死胡场
耕地
草木生长界限
1913 的路线
营地
天文点
营地
营地
营地
塔
古河床
古桥
深道
阔台克萨特玛
古河床
深道
1913年的新河床
达里亚提勒干
吐勒库其库勒
吐勒库其库勒塔里木
伊玛目贾法尔萨德克麻扎
铁热克兰干

 尼雅遗址南部详图

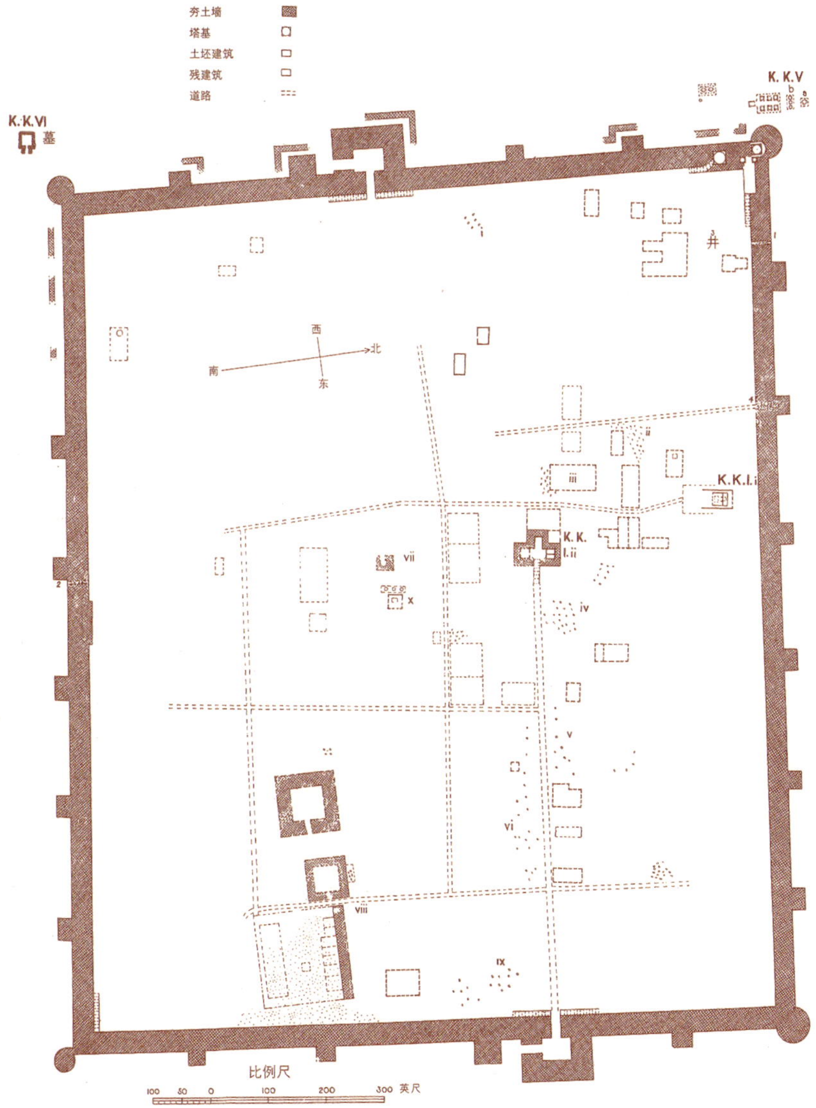
夯土墙
塔基
土坯建筑
残建筑
道路
K.K.VI
墓
K.K.V
西
北
南
东
井
K.K.I.i
K.K.
I.ii
ii
iii
iv
v
vi
vii
viii
ix
x
比例尺
100 50 0 100 200 300 英尺

奥雷尔·斯坦因和阿弗拉兹测绘

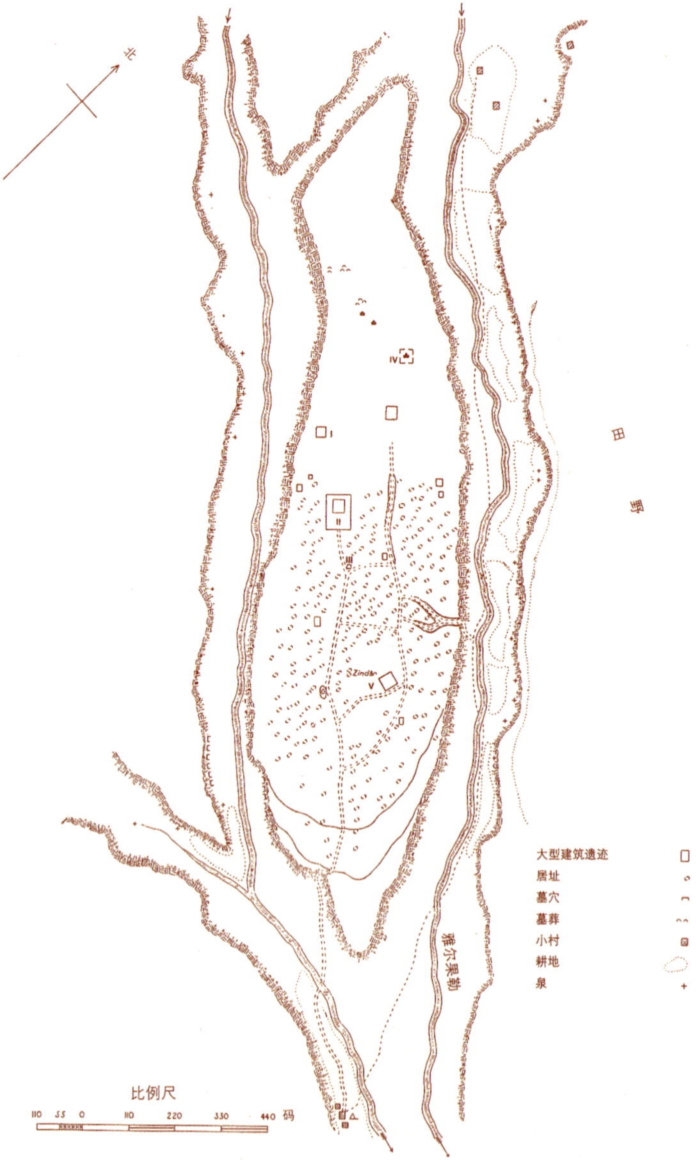
北
田
野
IV
I
II
III
Zindān
V
雅尔果勒
大型建筑遗迹
居址
墓穴
墓葬
小村
耕地
泉
比例尺
110 55 0 110 220 330 440 码

穆罕默德·亚库卜测绘

 交河古城遗址平面图

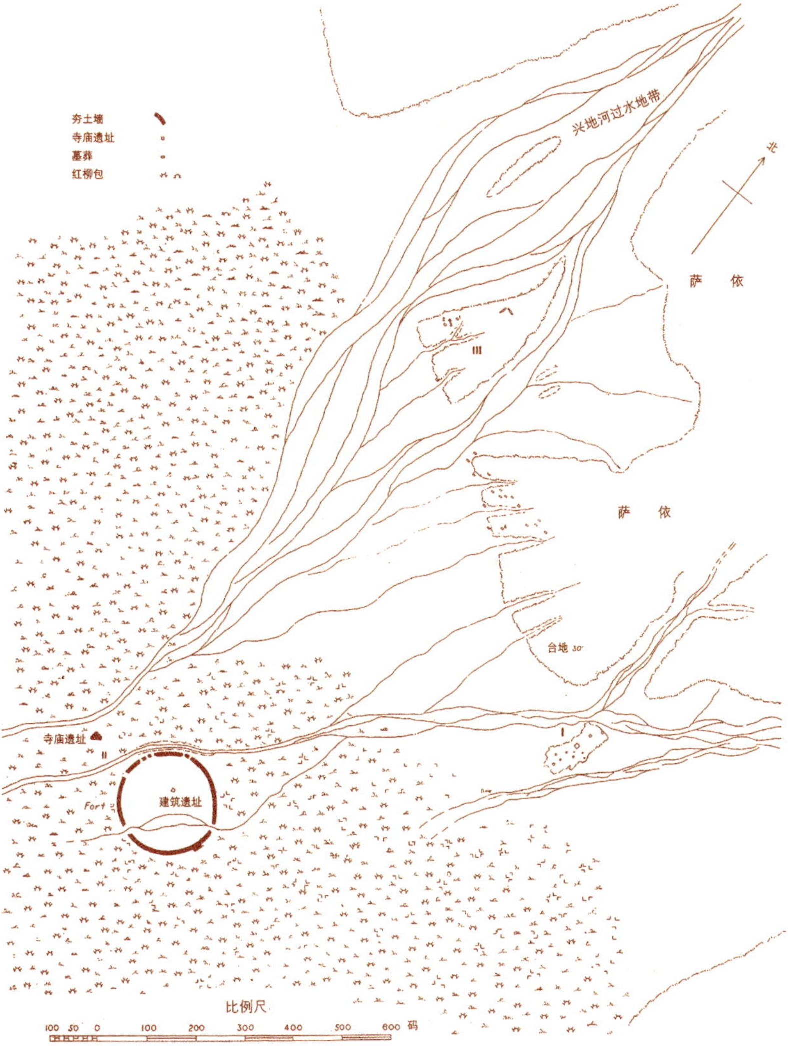
夯土墙
寺庙遗址
墓葬
红柳包
兴地河过水地带
北
萨　依
萨　依
台地 30'
寺庙遗址
建筑遗址
Fort
比例尺
100 50 0 100 200 300 400 500 600 码

奥雷尔·斯坦因和阿弗拉兹测绘

 营盘遗址平面图

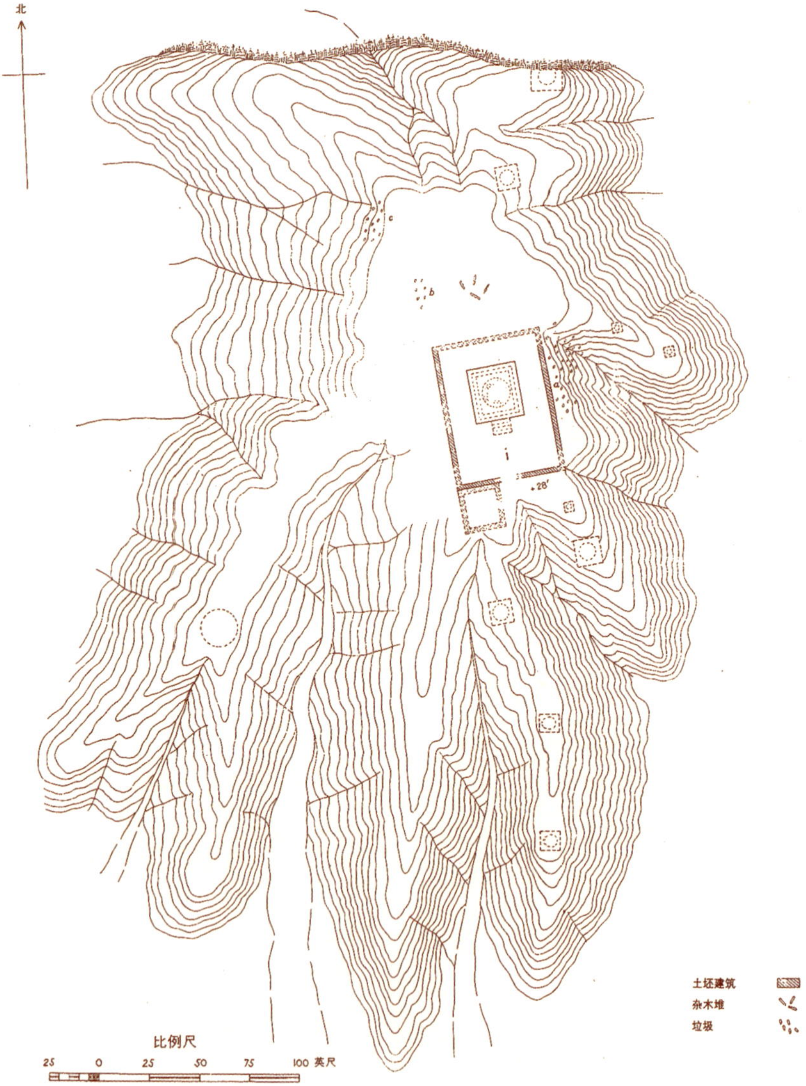
北
a
b
c
i
+28′
土坯建筑
杂木堆
垃圾
比例尺
25 0 25 50 75 100 英尺

奥雷尔·斯坦因和阿弗拉兹测绘

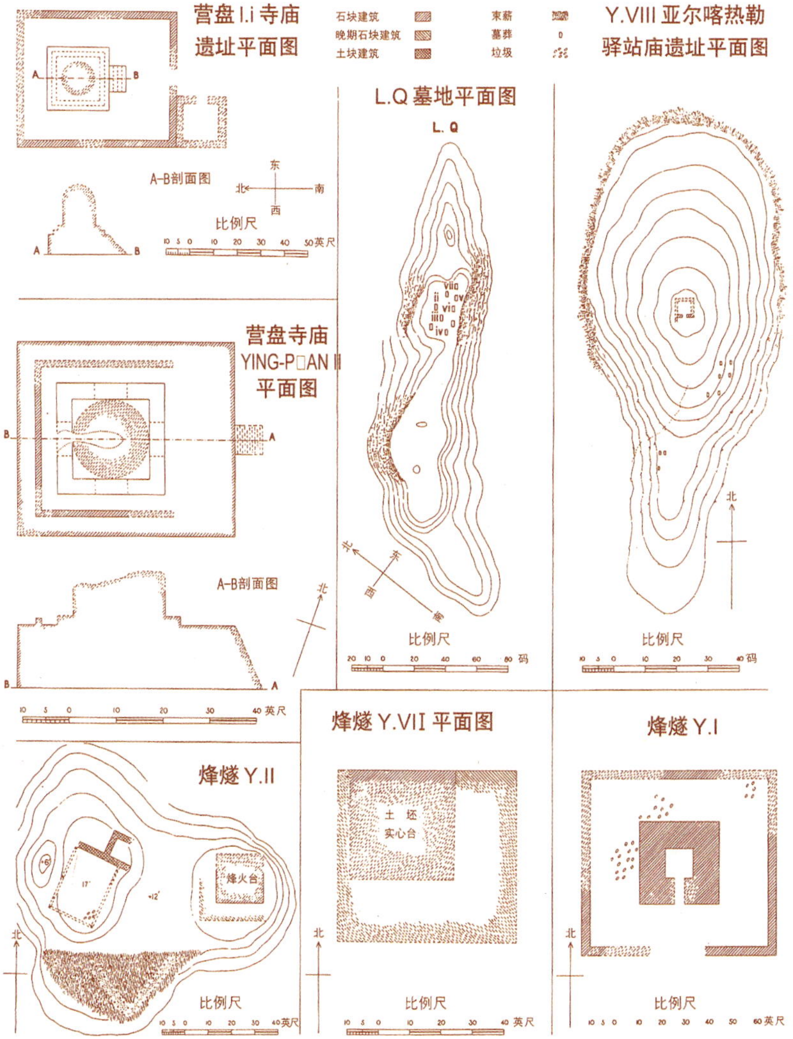
营盘 I.i 寺庙
遗址平面图
石块建筑
晚期石块建筑
土块建筑
束薪
墓葬
垃圾
Y.VIII 亚尔喀热勒
驿站庙遗址平面图
A-B剖面图
东
北
南
西
比例尺
10 5 0 10 20 30 40 50 英尺
L.Q 墓地平面图
L.Q
vii
ii
v
vi
iii
iv
营盘寺庙
YING-P□AN II
平面图
比例尺
20 10 0 20 40 60 80 码
比例尺
10 5 0 10 20 30 40 码
10 5 0 10 20 30 40 英尺
烽燧 Y.VII 平面图
烽燧 Y.I
烽燧 Y.II
土坯
实心台
烽火台
17'
+12'
6'
10 5 0 10 20 30 40 英尺
10 5 0 10 20 30 40 50 60 英尺

奥雷尔·斯坦因和阿弗拉兹测绘

 营盘 I.i 寺庙等遗址平面图

西域考古器物图谱
XIYU KAOGU QIWU TUPU

出版统筹：罗财勇
编辑总监：余慧敏
责任编辑：罗财勇
责任技编：余吐艳
书籍设计：徐俊霞　王玲芳

图书在版编目（CIP）数据

西域考古器物图谱 /（英）奥雷尔·斯坦因原著；巫新华主编. -- 桂林：广西师范大学出版社，2023.5
ISBN 978-7-5598-5841-2

Ⅰ.①西… Ⅱ.①奥… ②巫… Ⅲ.①西域－考古－图集 Ⅳ.①K872.4-64

中国国家版本馆 CIP 数据核字（2023）第 034474 号

广西师范大学出版社出版发行
（广西桂林市五里店路 9 号　邮政编码：541004
网址：http://www.bbtpress.com）
出版人：黄轩庄
全国新华书店经销
广西广大印务有限责任公司印刷
（桂林市临桂区秧塘工业园西城大道北侧广西师范大学出版社集团有限公司创意产业园内　邮政编码：541199）
开本：880 mm × 1 240 mm　1/32
印张：12.75　　插页：12　　字数：10 千
2023 年 5 月第 1 版　　2023 年 5 月第 1 次印刷
印数：0 001~5 000 册　　定价：168.00 元